Francesco Verso   Michele Paris   Jose Cavero

BLOODBUSTERS

Vol.1 - Evasione

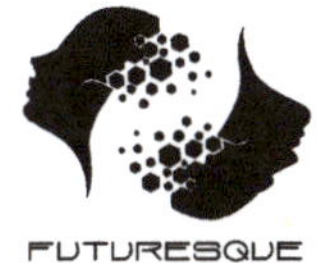

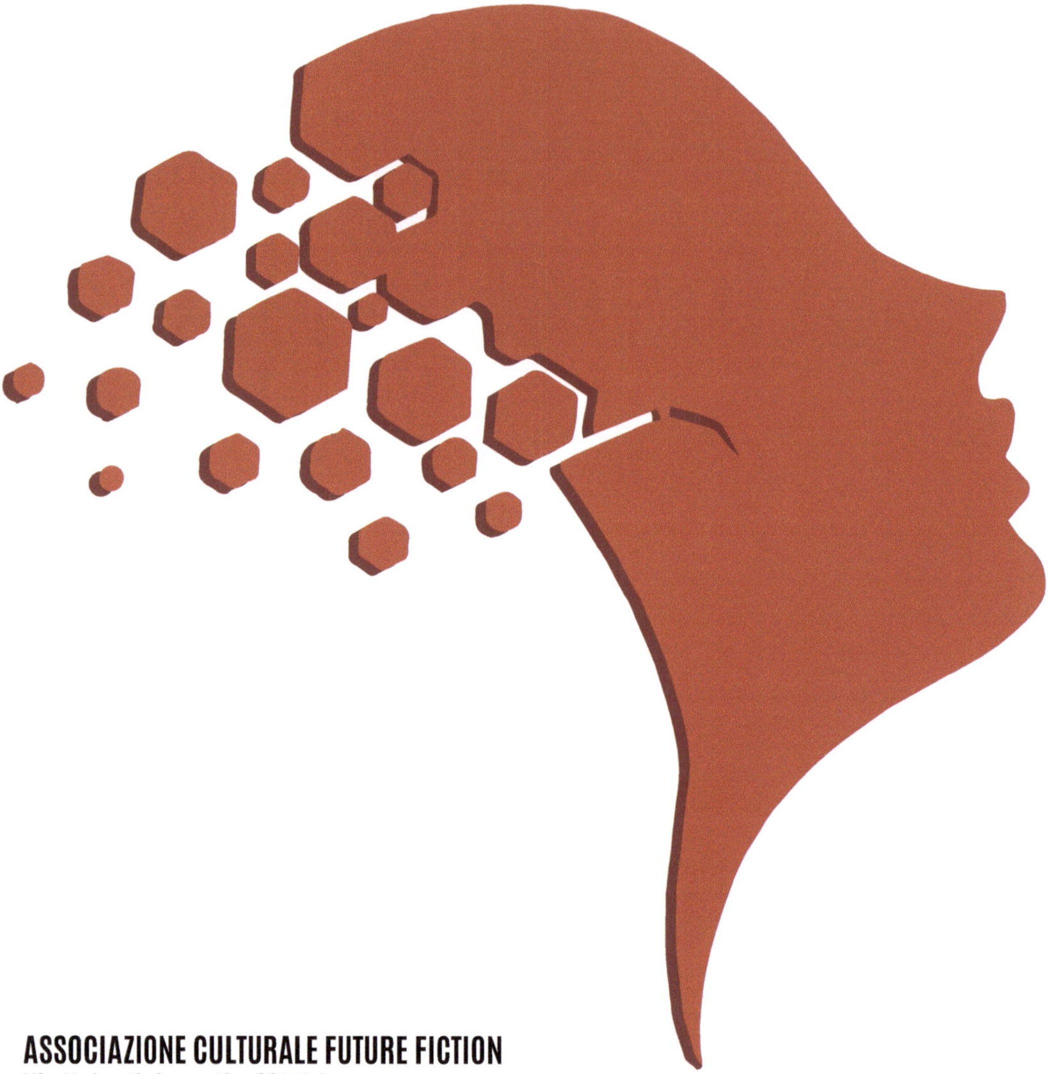

ASSOCIAZIONE CULTURALE FUTURE FICTION
Via Valentiniano 40 - 00145 Roma
C.F. 97962020588 | P.IVA 15586791004
mail. info@futurefiction.org

Direttore editoriale | Francesco Verso

Curatrice editoriale | Erica Benvenuti
Sceneggiatura | Michele Paris
Disegni e Colore | Jose Cavero

WWW.FUTUREFICTION.ORG

FUTURESQUE

Francesco Verso
Direttore Editoriale

Se il presente può essere rappresentato come una linea retta che ci proietta in avanti, concreta e precisa, il futuro somiglia invece a una nuvola che si espande, vaga come le nostre aspettative, i nostri sogni e desideri, spesso dai tratti incerti come le illusioni e le preoccupazioni che porta con sé. Del resto per affrontare il futuro serve dotarsi di spirito d'avventura e umorismo: due elementi imprescindibili che abbiamo condensato nella definizione stessa di Futuresque e cioè un Futuro picaresco e burlesco.

I nostri fumetti intendono svelare quei futuri che disattendono le aspettative e per questo li adattiamo a partire dai racconti pubblicati su Future Fiction: storie che provengono da più di 35 paesi e tradotte da 13 lingue differenti. Questa è la dimostrazione migliore di come il Futuro riesca a declinarsi volentieri in storie comiche, drammi sociali, parodie e racconti avventurosi che si spingono oltre i limiti di ciò che conosciamo e la classica cultura di massa.

Perché anche domani accade oggi.

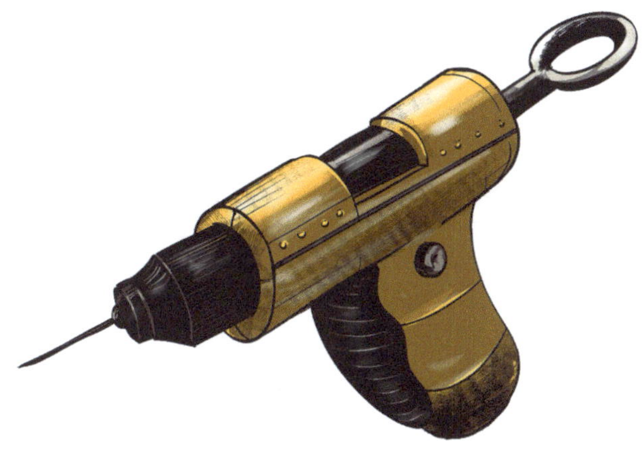

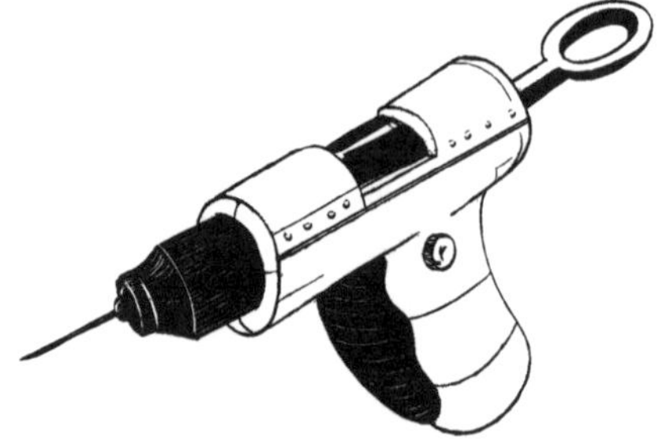

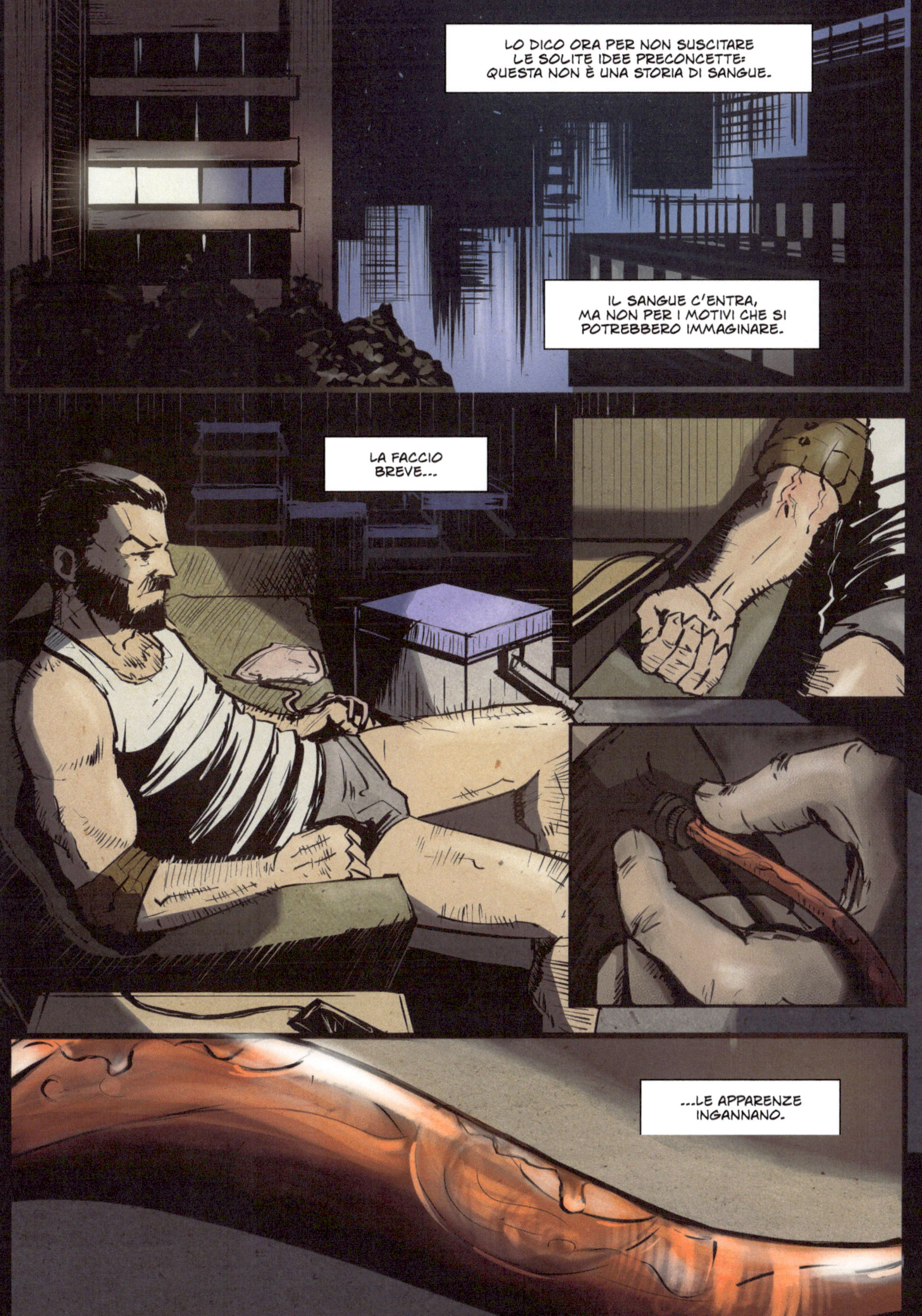

LO DICO ORA PER NON SUSCITARE LE SOLITE IDEE PRECONCETTE: QUESTA NON È UNA STORIA DI SANGUE.
IL SANGUE C'ENTRA, MA NON PER I MOTIVI CHE SI POTREBBERO IMMAGINARE.
LA FACCIO BREVE...
...LE APPARENZE INGANNANO.

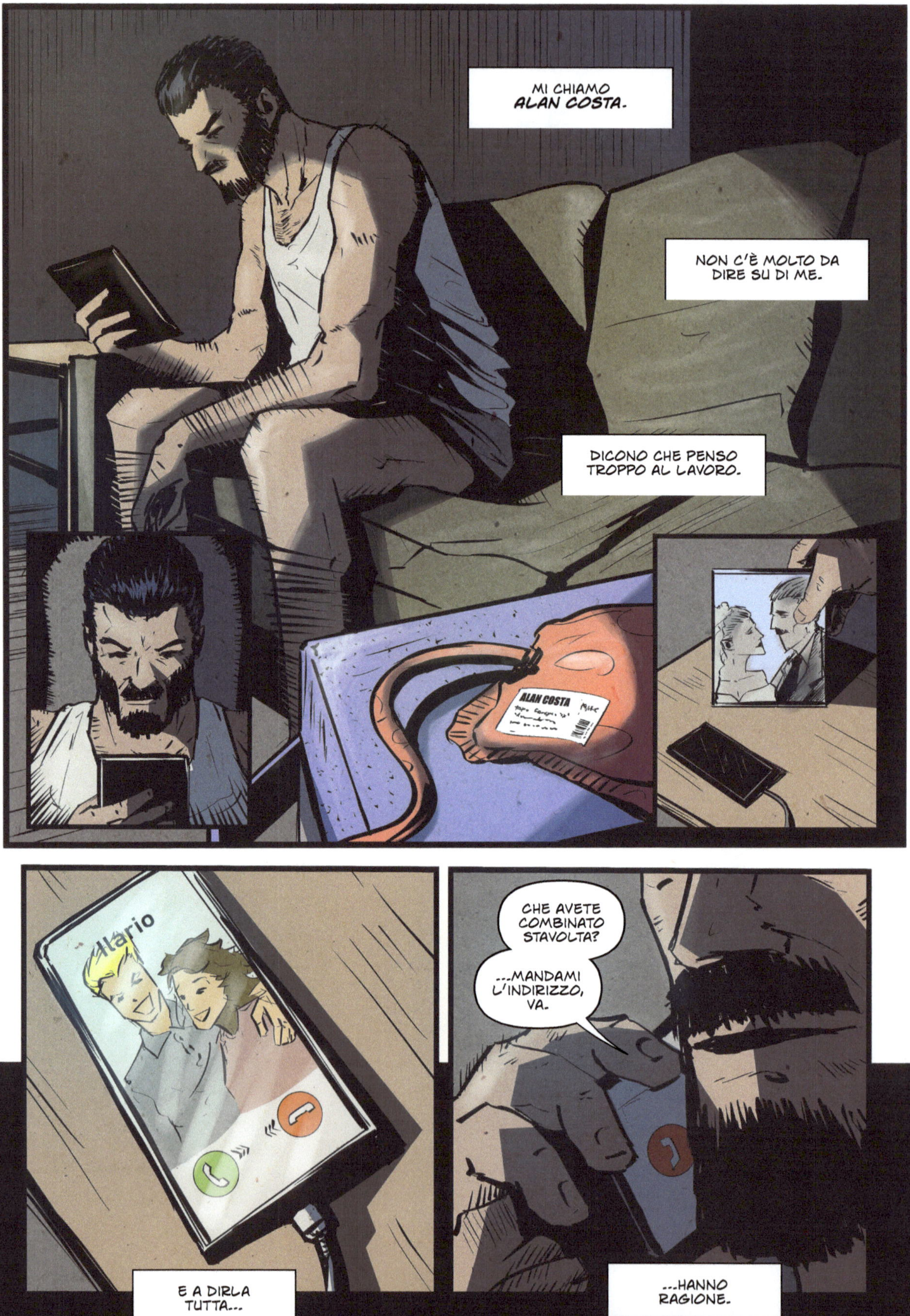

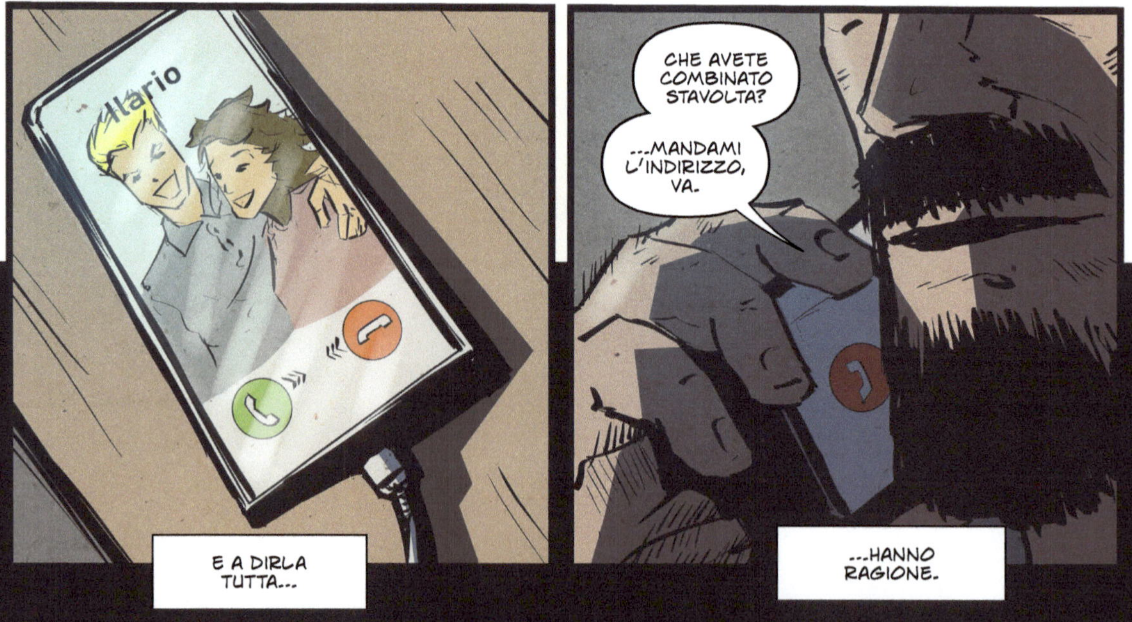

MI CHIAMO ALAN COSTA.
NON C'È MOLTO DA DIRE SU DI ME.
DICONO CHE PENSO TROPPO AL LAVORO.
ALAN COSTA
Ilario
CHE AVETE COMBINATO STAVOLTA?
...MANDAMI L'INDIRIZZO, VA.
E A DIRLA TUTTA...
...HANNO RAGIONE.

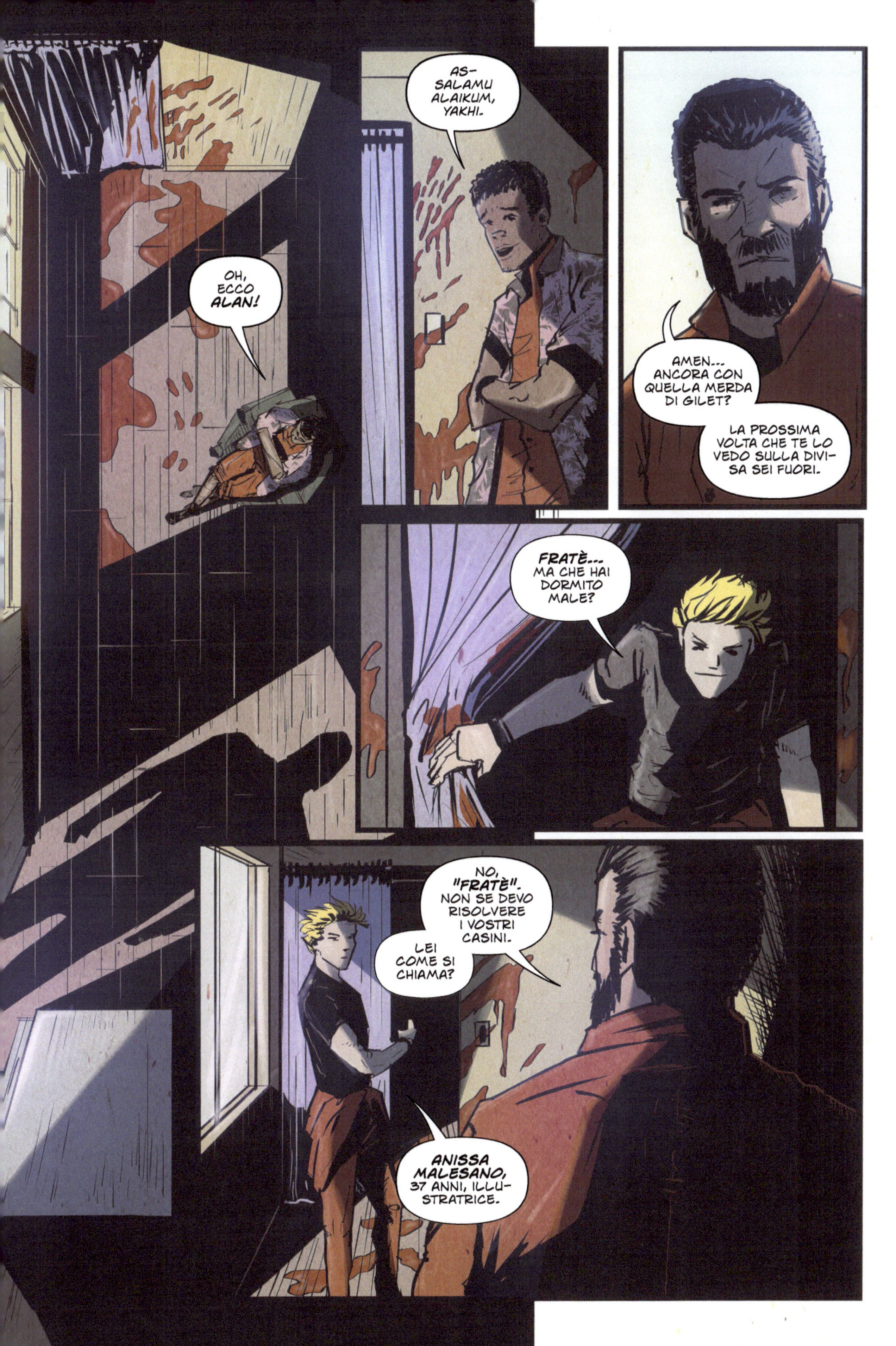

AS-SALAMU ALAIKUM, YAKHI.
AMEN... ANCORA CON QUELLA MERDA DI GILET?
LA PROSSIMA VOLTA CHE TE LO VEDO SULLA DIVISA SEI FUORI.
OH, ECCO ALAN!
FRATÈ... MA CHE HAI DORMITO MALE?
NO, "FRATÈ". NON SE DEVO RISOLVERE I VOSTRI CASINI.
LEI COME SI CHIAMA?
ANISSA MALESANO, 37 ANNI, ILLU- STRATRICE.

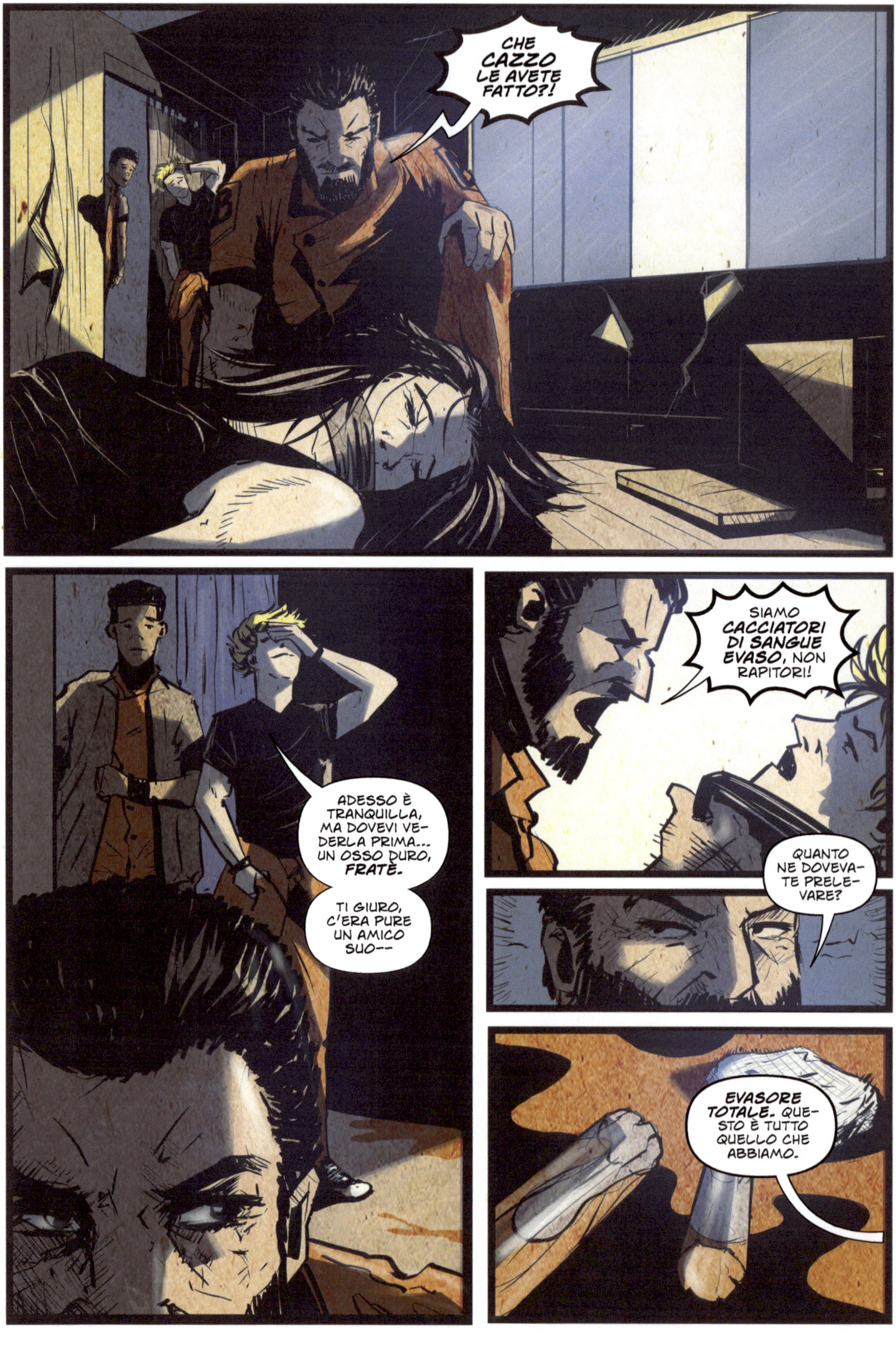

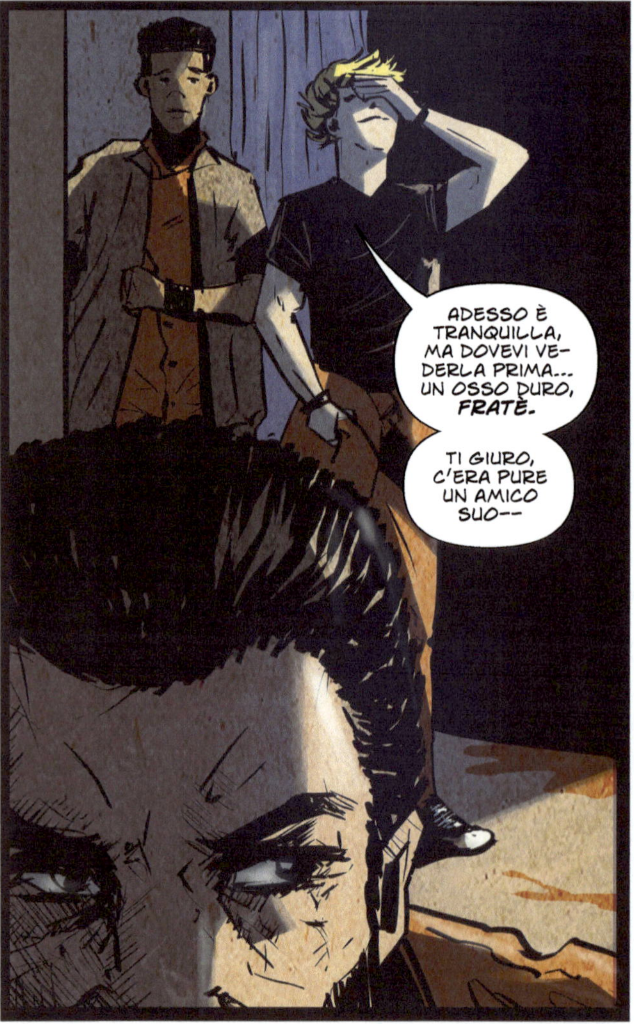

CHE CAZZO LE AVETE FATTO?!
ADESSO È TRANQUILLA, MA DOVEVI VEDERLA PRIMA... UN OSSO DURO, FRATÈ.
TI GIURO, C'ERA PURE UN AMICO SUO--

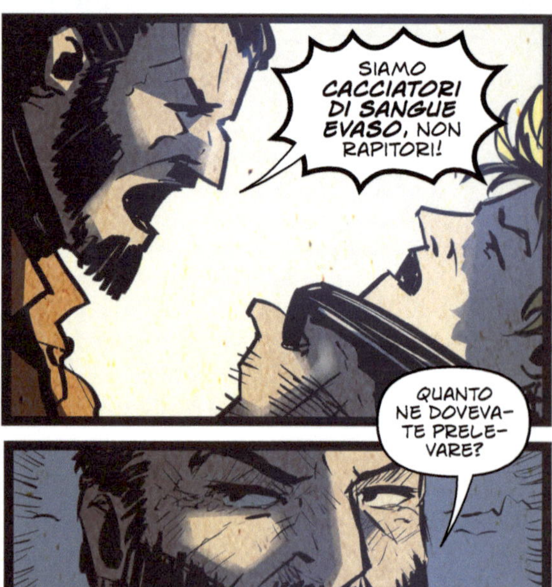

SIAMO CACCIATORI DI SANGUE EVASO, NON RAPITORI!
QUANTO NE DOVEVATE PRELEVARE?

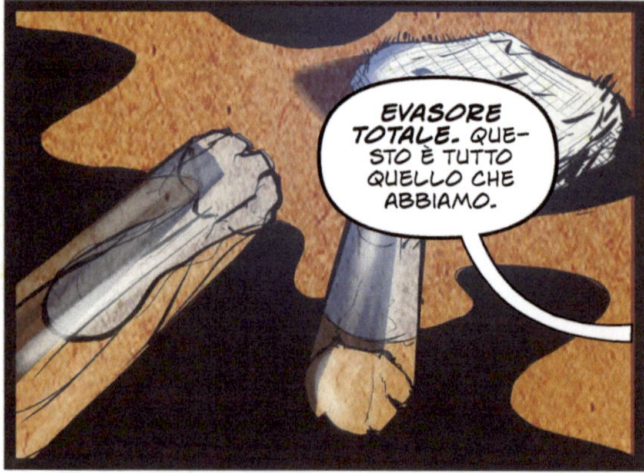

EVASORE TOTALE. QUESTO È TUTTO QUELLO CHE ABBIAMO.

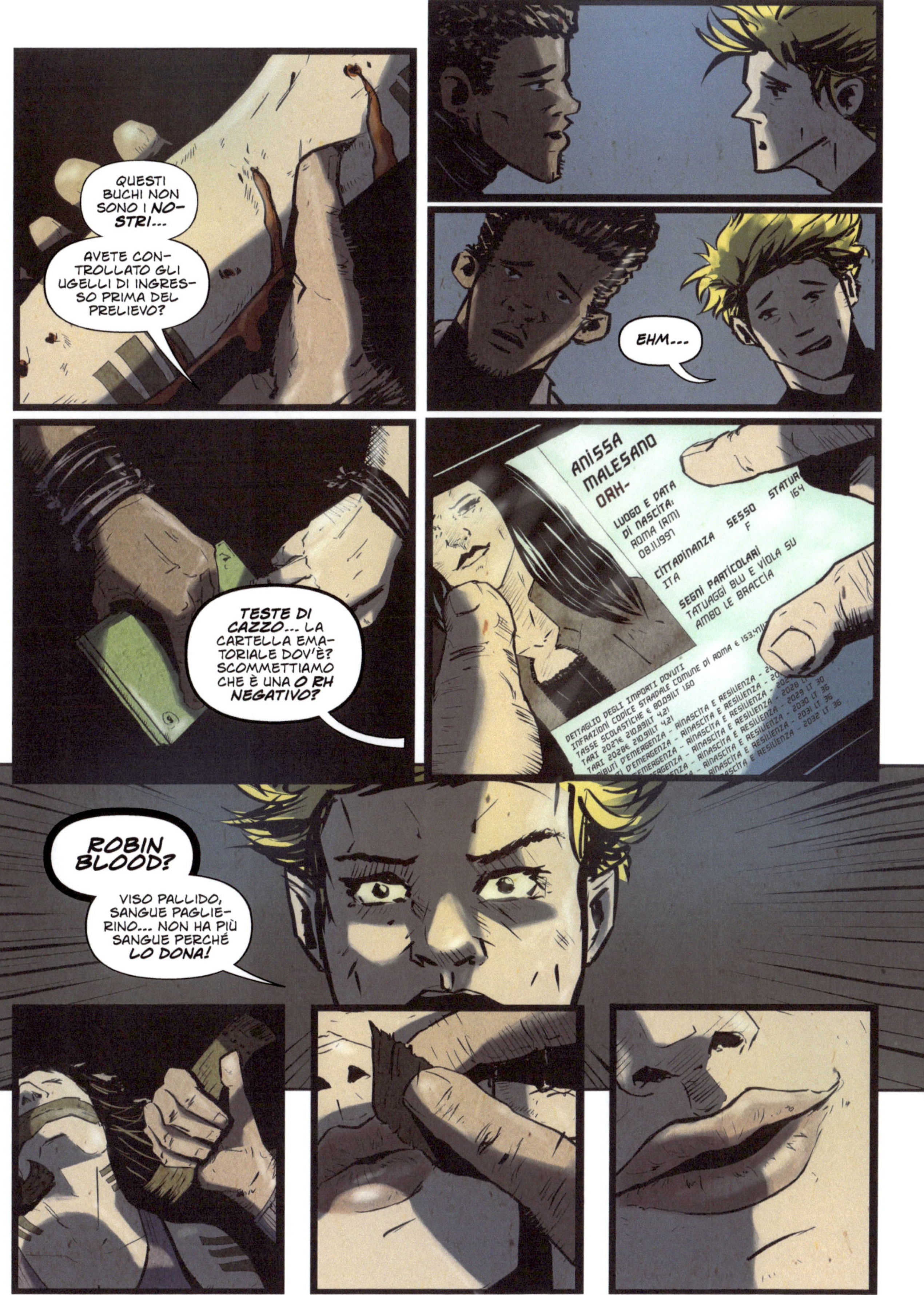

QUESTI BUCHI NON SONO I NO-STRI...
AVETE CONTROLLATO GLI UGELLI DI INGRESSO PRIMA DEL PRELIEVO?
EHM...
TESTE DI CAZZO... LA CARTELLA EMATORIALE DOV'È? SCOMMETTIAMO CHE È UNA O RH NEGATIVO?
ANISSA MALESANO ORH-
LUOGO E DATA DI NASCITA: ROMA (RM) 08.11.1997
CITTADINANZA ITA
SESSO F
STATUR 164
SEGNI PARTICOLARI TATUAGGI BLU E VIOLA SU AMBO LE BRACCIA
ROBIN BLOOD?
VISO PALLIDO, SANGUE PAGLIE-RINO... NON HA PIÙ SANGUE PERCHÉ LO DONA!

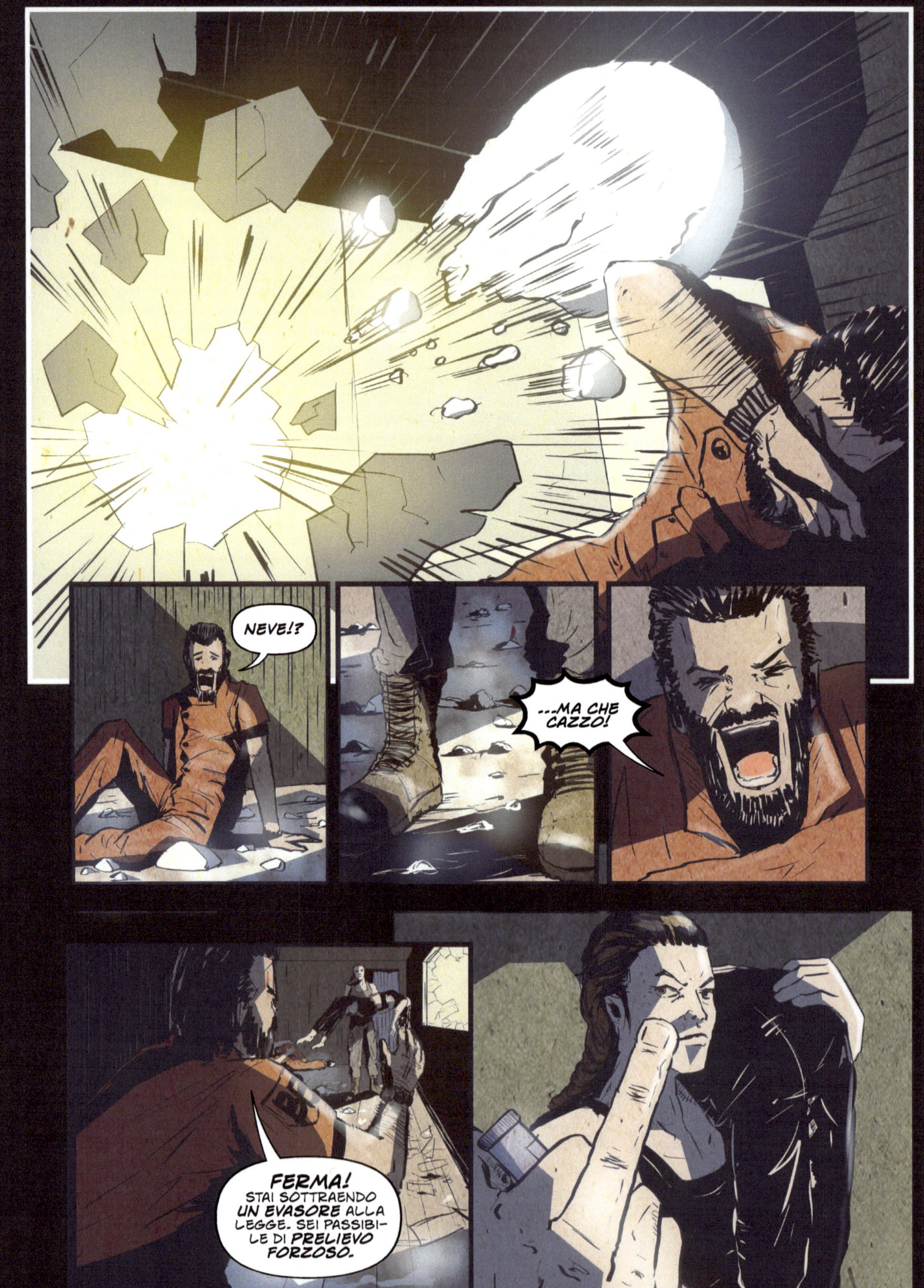

NEVE!?
...MA CHE CAZZO!
FERMA! STAI SOTTRAENDO UN EVASORE ALLA LEGGE. SEI PASSIBILE DI PRELIEVO FORZOSO.

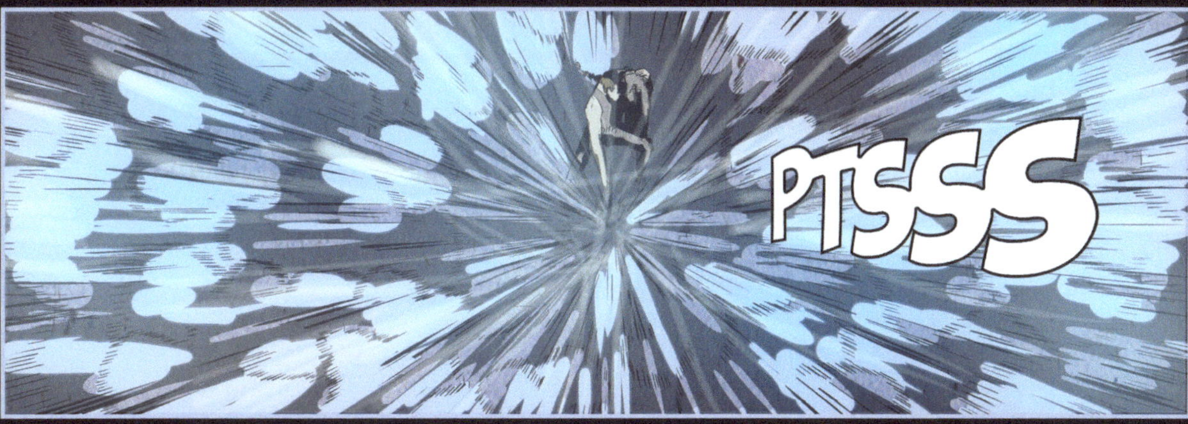

PTSSS

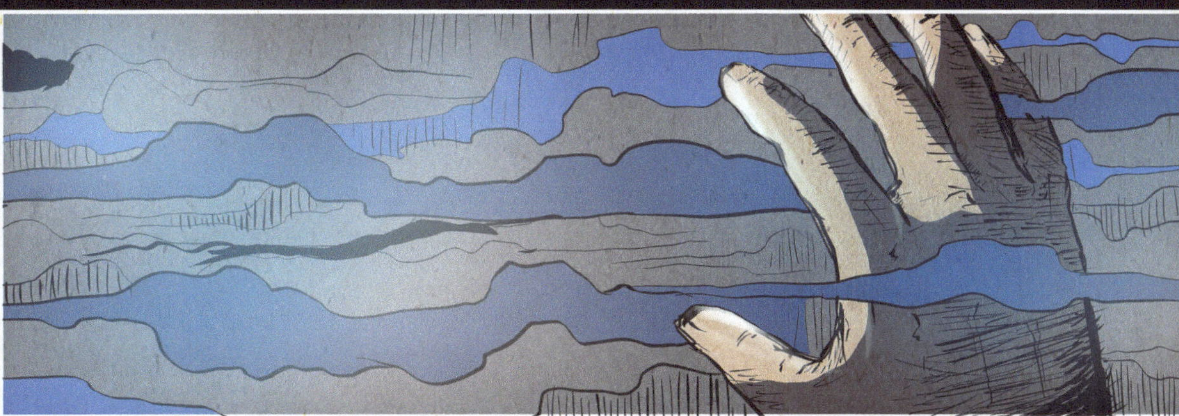

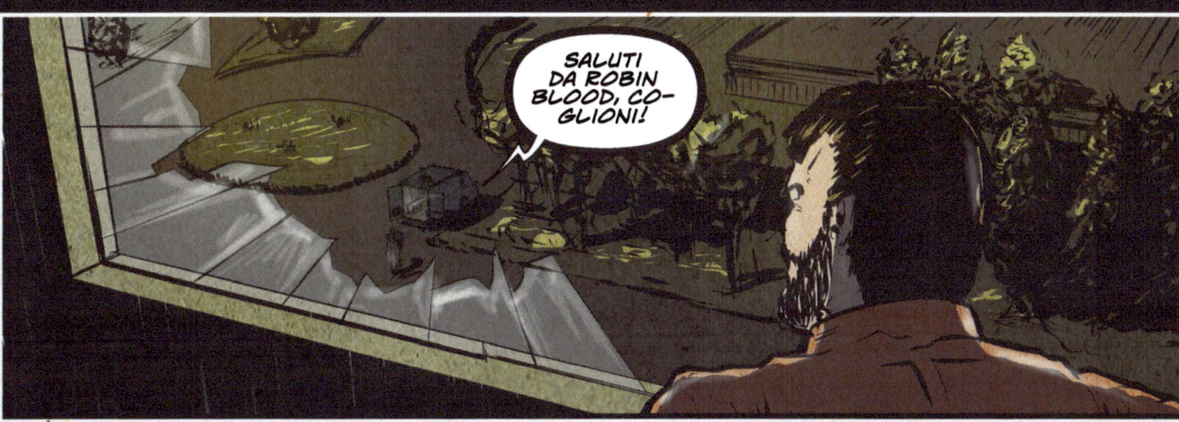

SALUTI DA ROBIN BLOOD, CO-GLIONI!

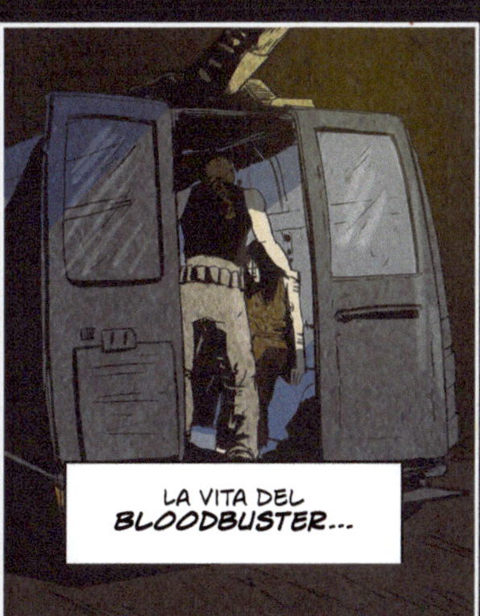

LA VITA DEL BLOODBUSTER...

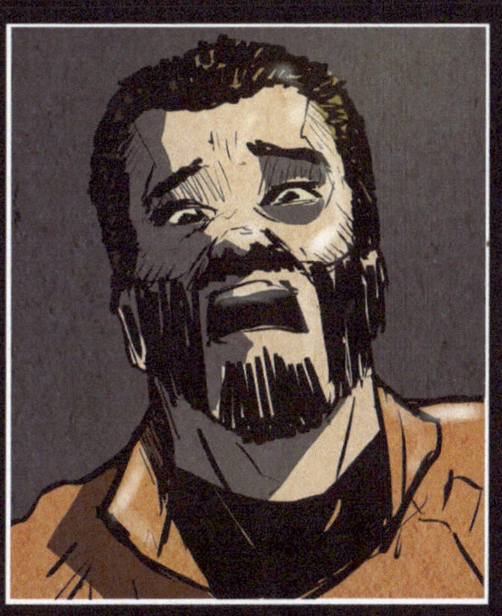

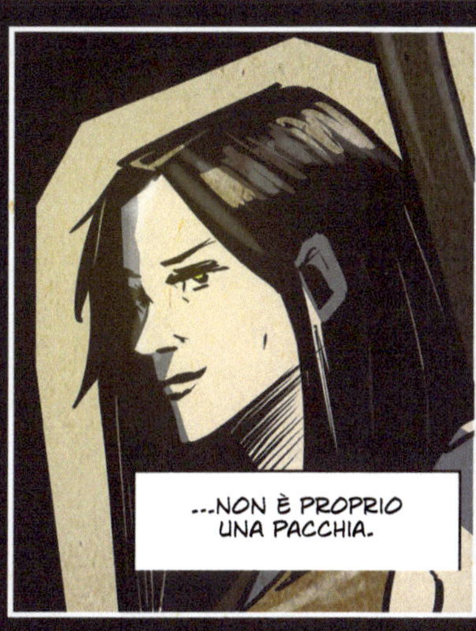

...NON È PROPRIO UNA PACCHIA.

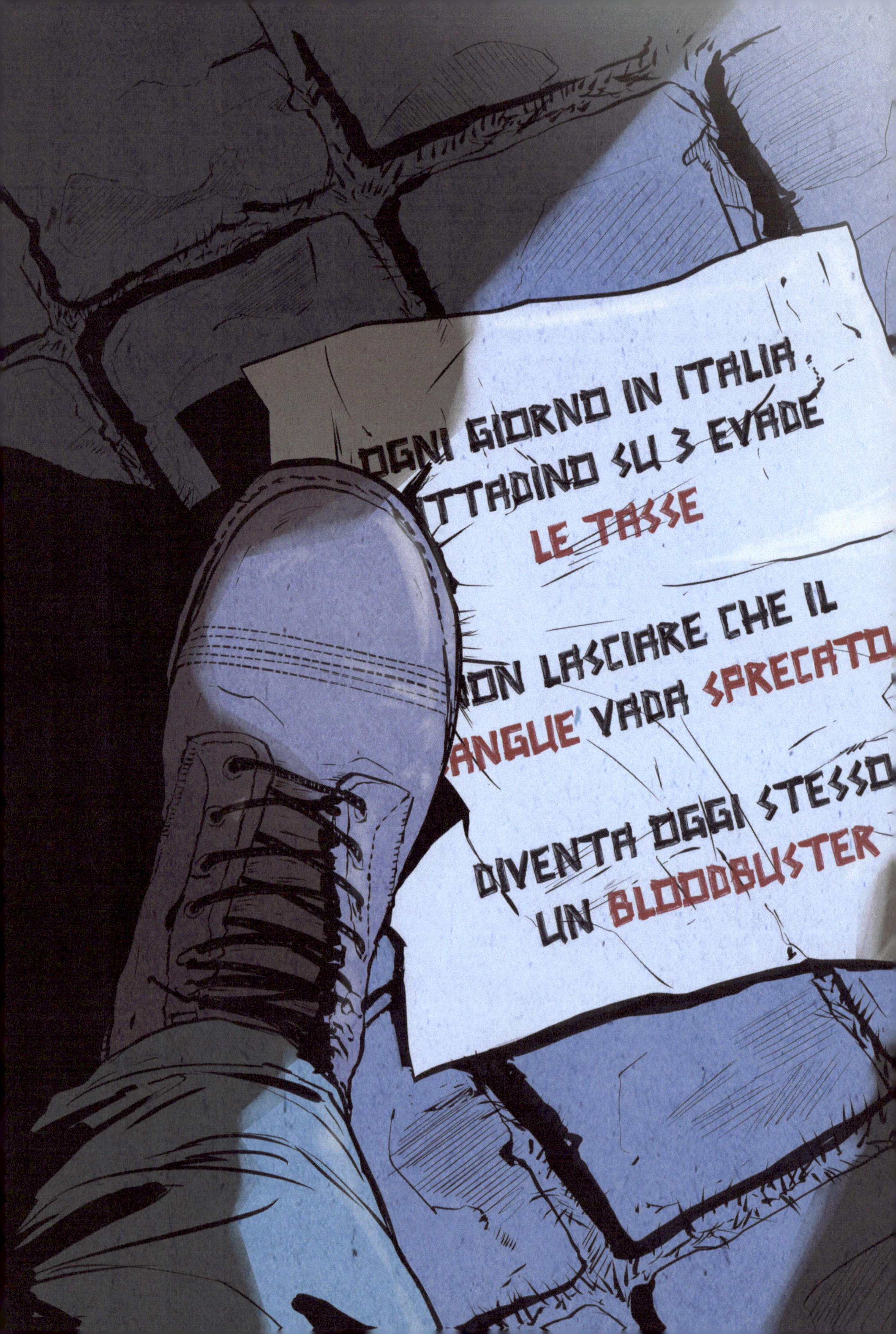

OGNI GIORNO IN ITALIA
TTADINO SU 3 EVADE
LE TASSE
ON LASCIARE CHE IL
ANGUE VADA SPRECATO
DIVENTA OGGI STESSO
UN BLOODBUSTER

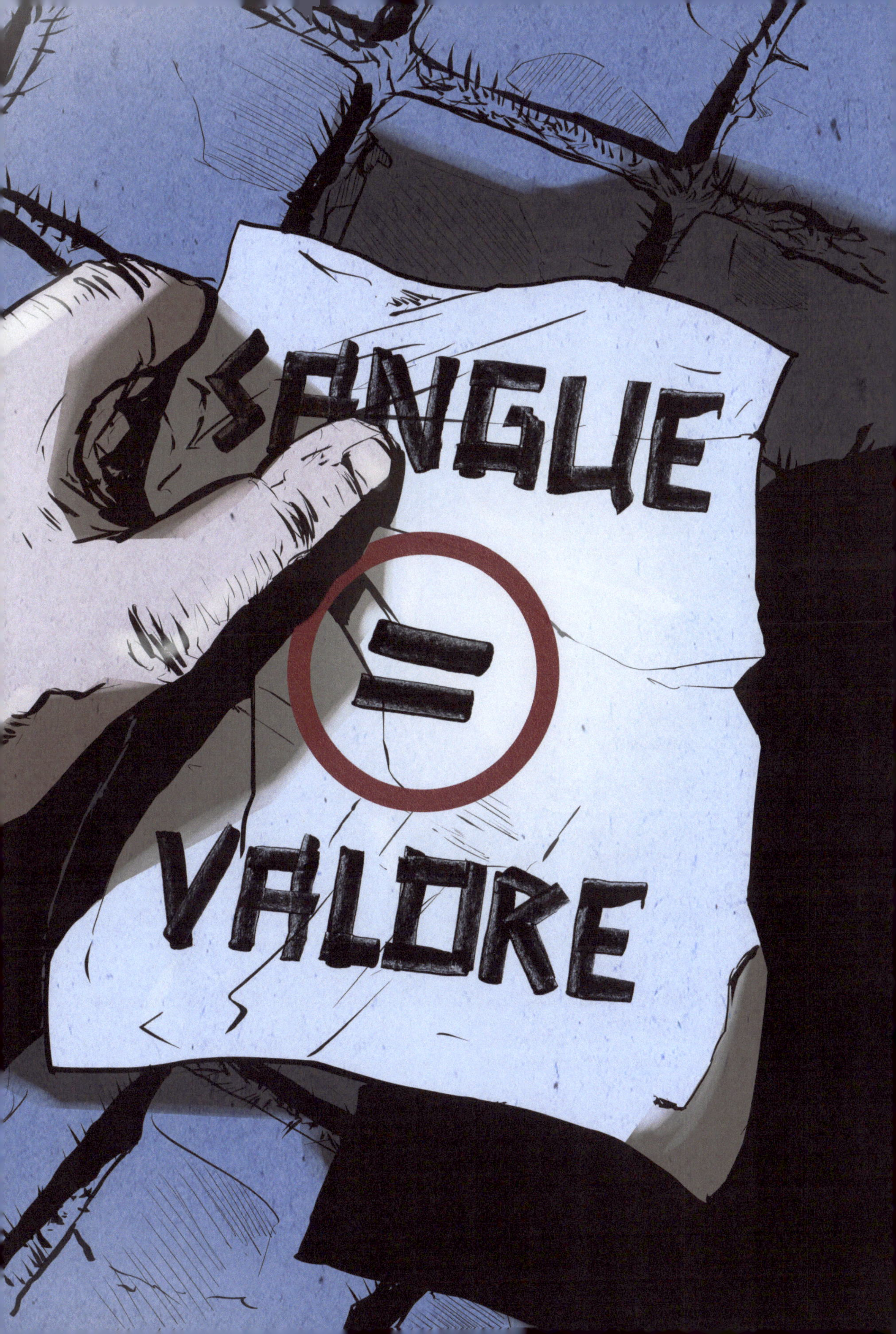

SANGUE
VALORE

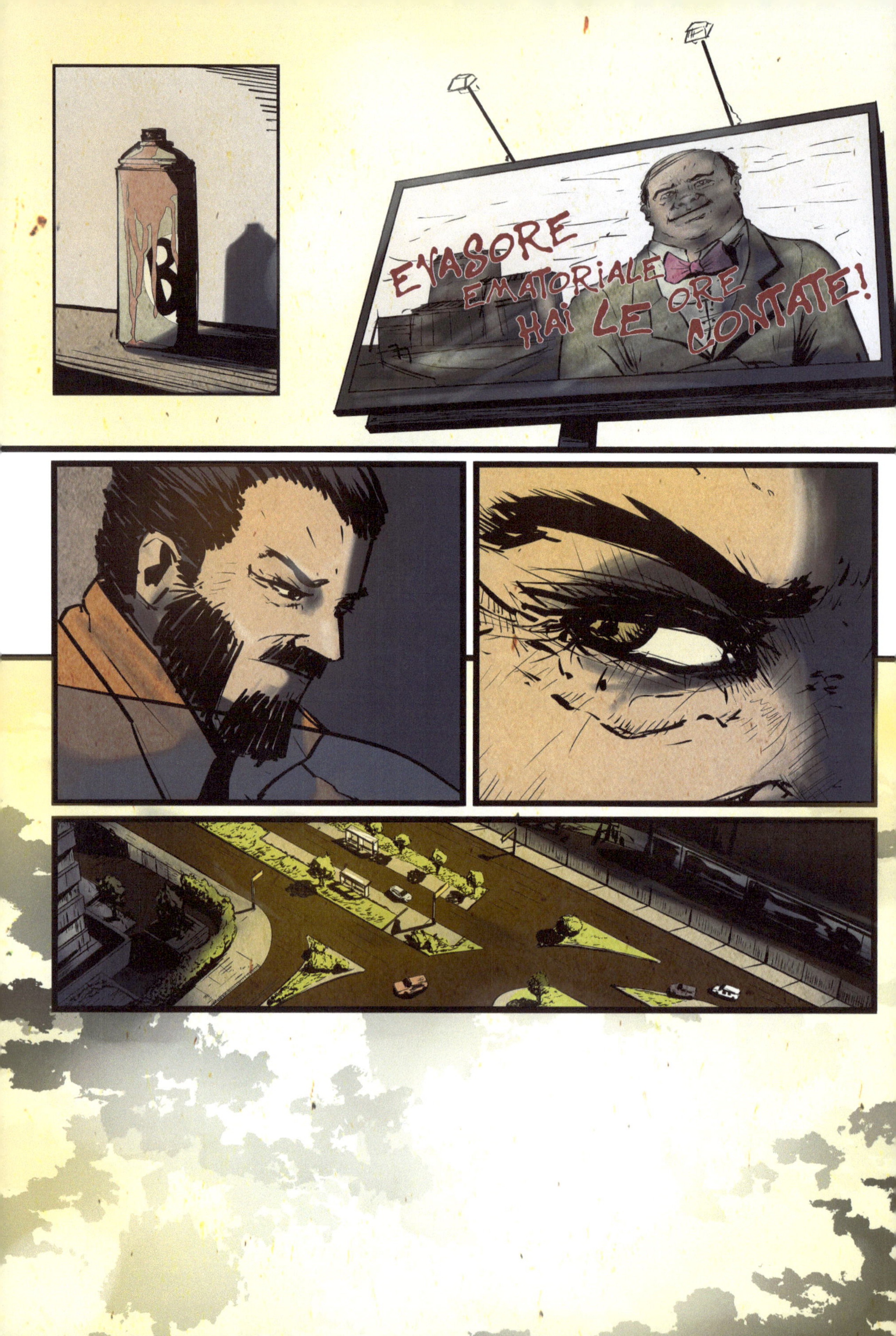
EVASORE EMATORIALE HAI LE ORE CONTATE!

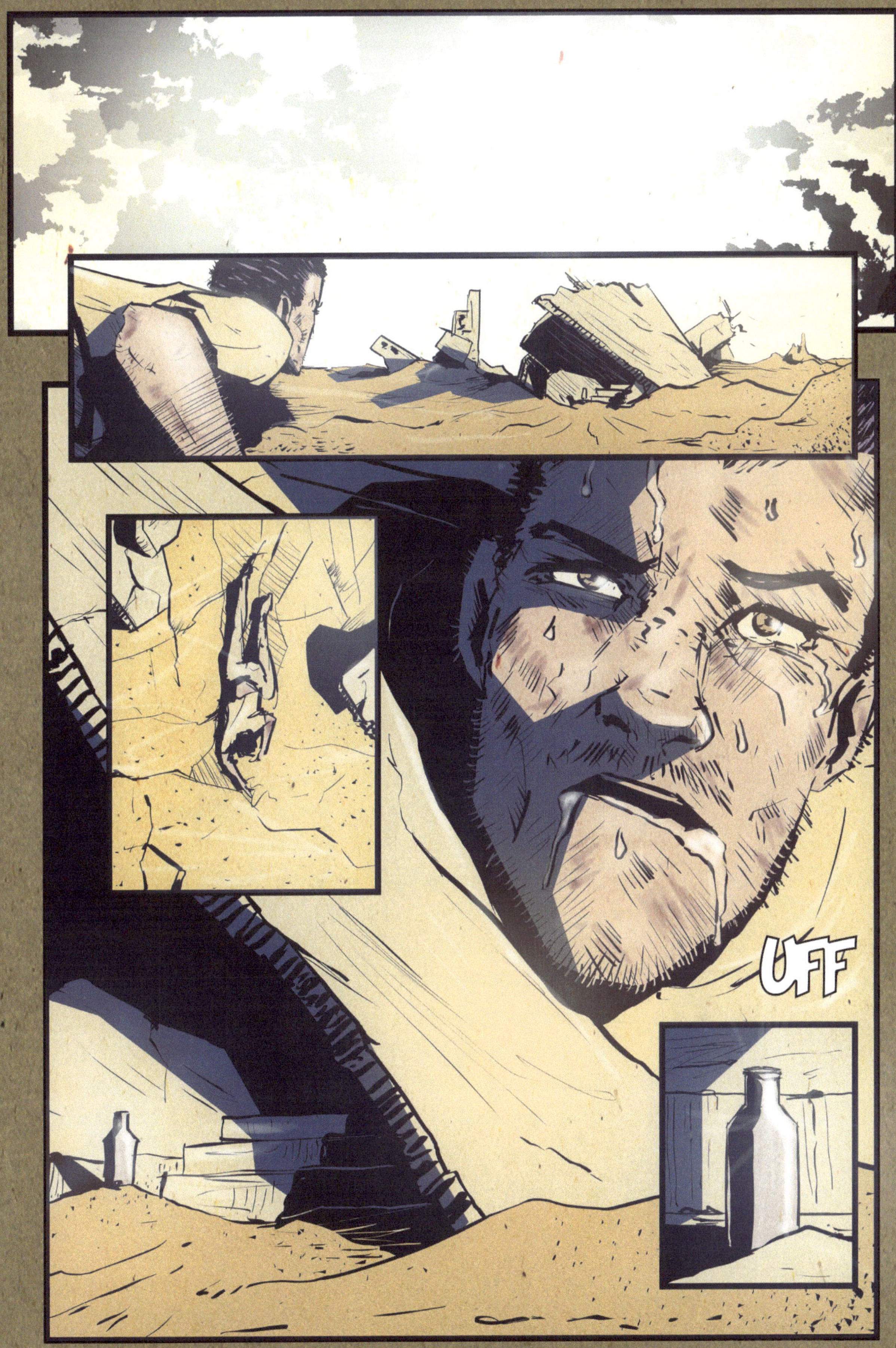
UFF

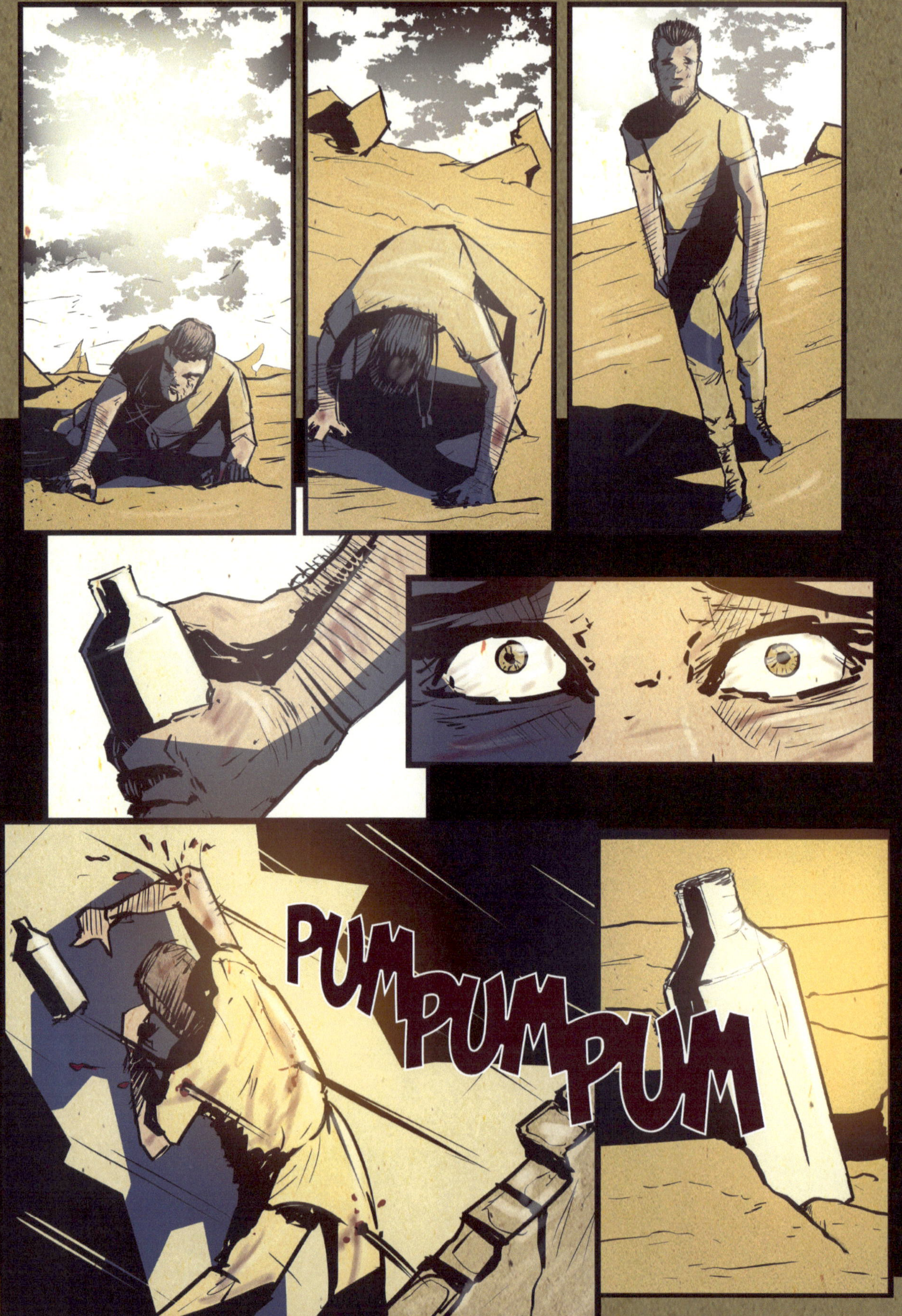

PUMPUMPUM

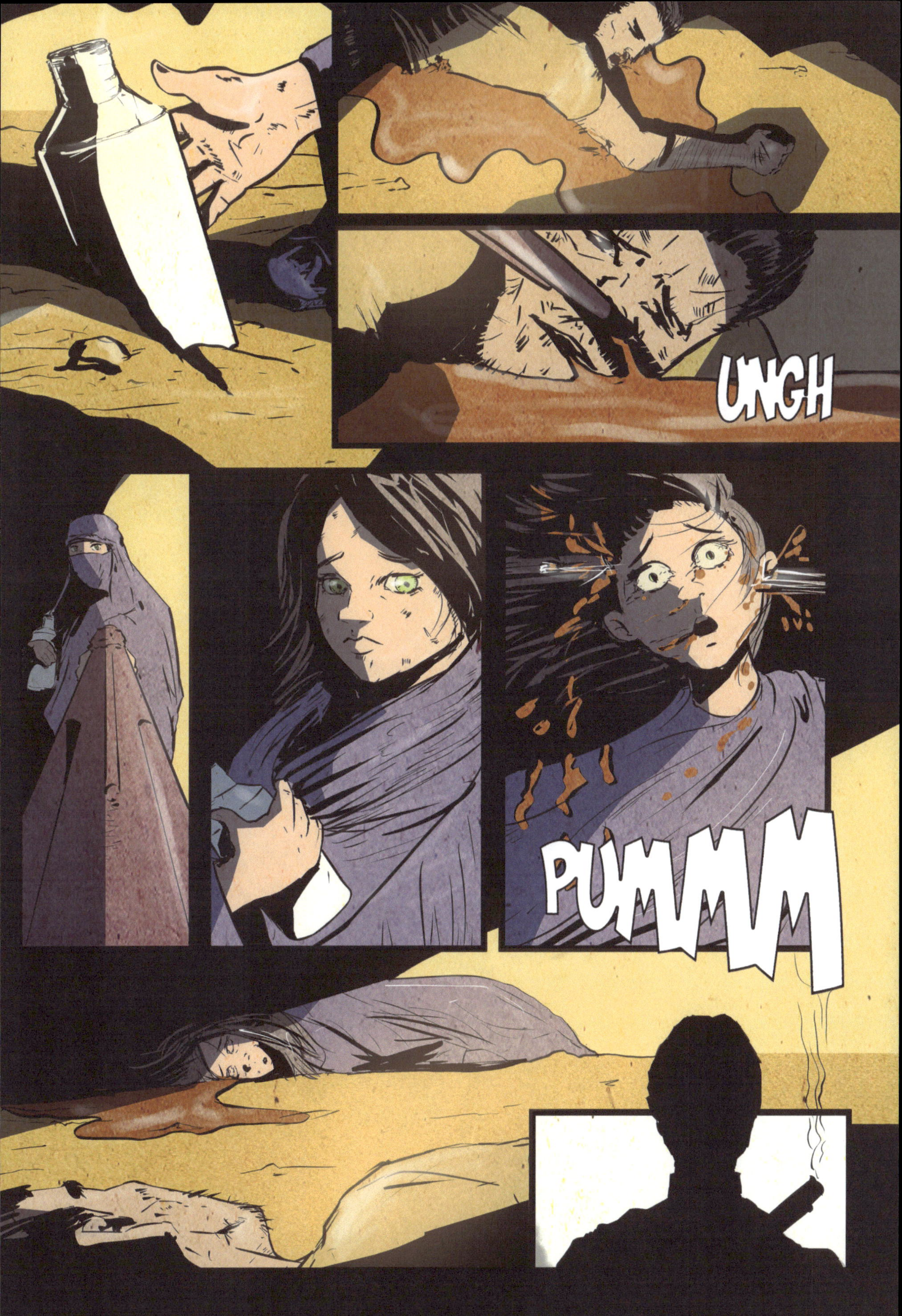
UNGH
PUMMM

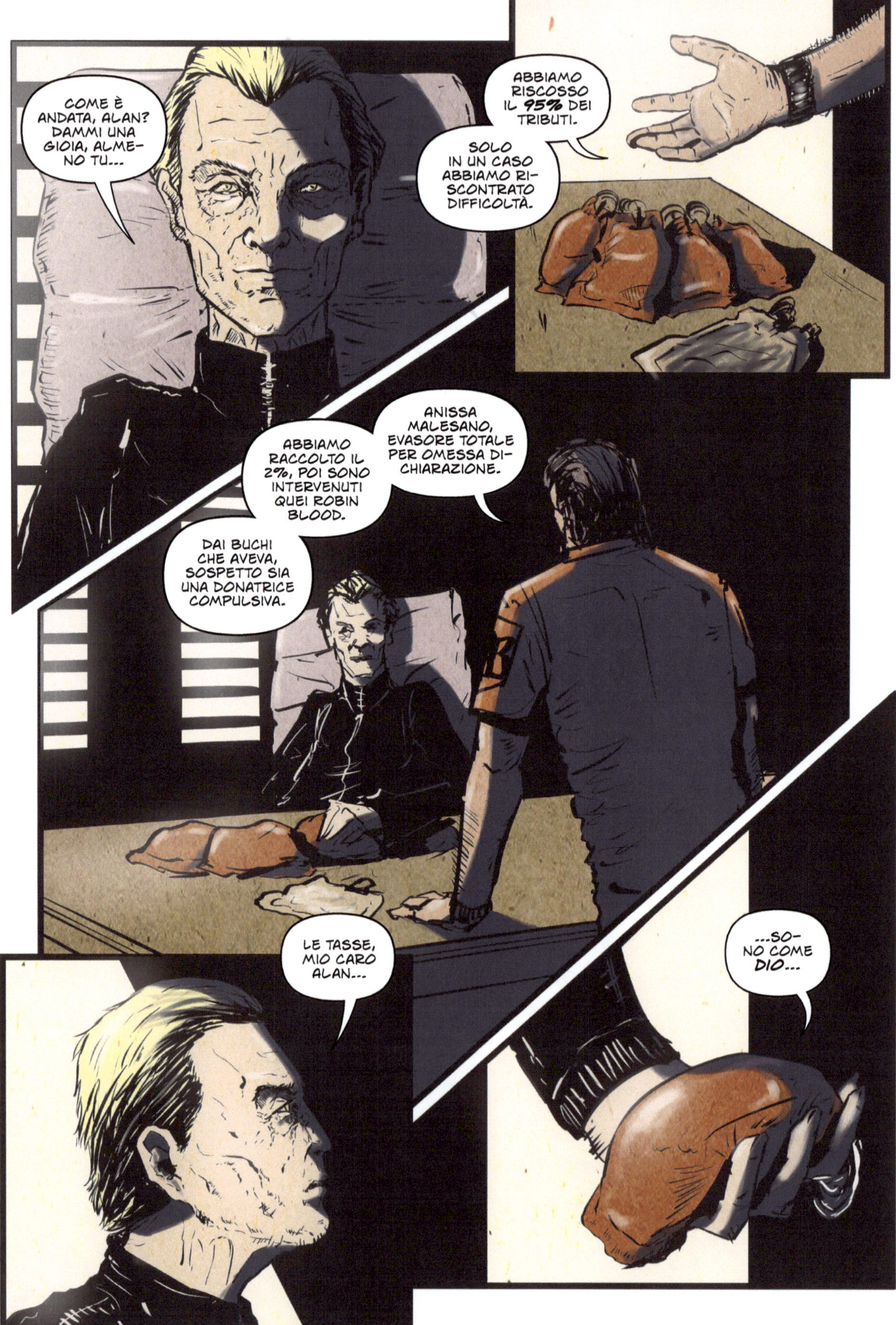

COME È ANDATA, ALAN? DAMMI UNA GIOIA, ALMENO TU...
ABBIAMO RISCOSSO IL 95% DEI TRIBUTI.
SOLO IN UN CASO ABBIAMO RISCONTRATO DIFFICOLTÀ.
ANISSA MALESANO, EVASORE TOTALE PER OMESSA DICHIARAZIONE.
ABBIAMO RACCOLTO IL 2%, POI SONO INTERVENUTI QUEI ROBIN BLOOD.
DAI BUCHI CHE AVEVA, SOSPETTO SIA UNA DONATRICE COMPULSIVA.
LE TASSE, MIO CARO ALAN...
...SONO COME DIO...

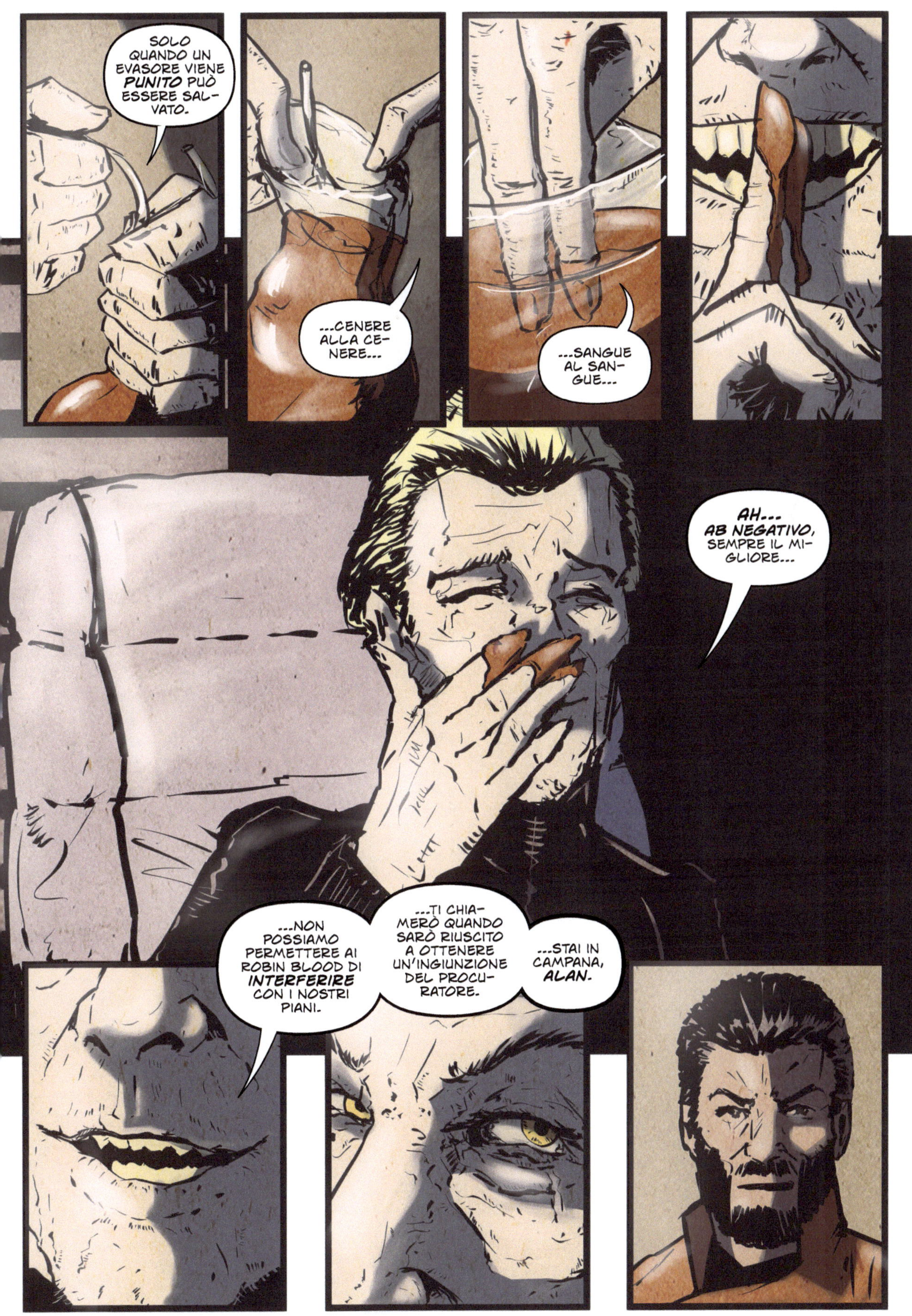

SOLO QUANDO UN EVASORE VIENE *PUNITO* PUÒ ESSERE SALVATO.
...CENERE ALLA CENERE...
...SANGUE AL SANGUE...
AH... *AB NEGATIVO*, SEMPRE IL MIGLIORE...
...NON POSSIAMO PERMETTERE AI ROBIN BLOOD DI *INTERFERIRE* CON I NOSTRI PIANI.
...TI CHIAMERÒ QUANDO SARÒ RIUSCITO A OTTENERE UN'INGIUNZIONE DEL PROCURATORE.
...STAI IN CAMPANA, *ALAN*.

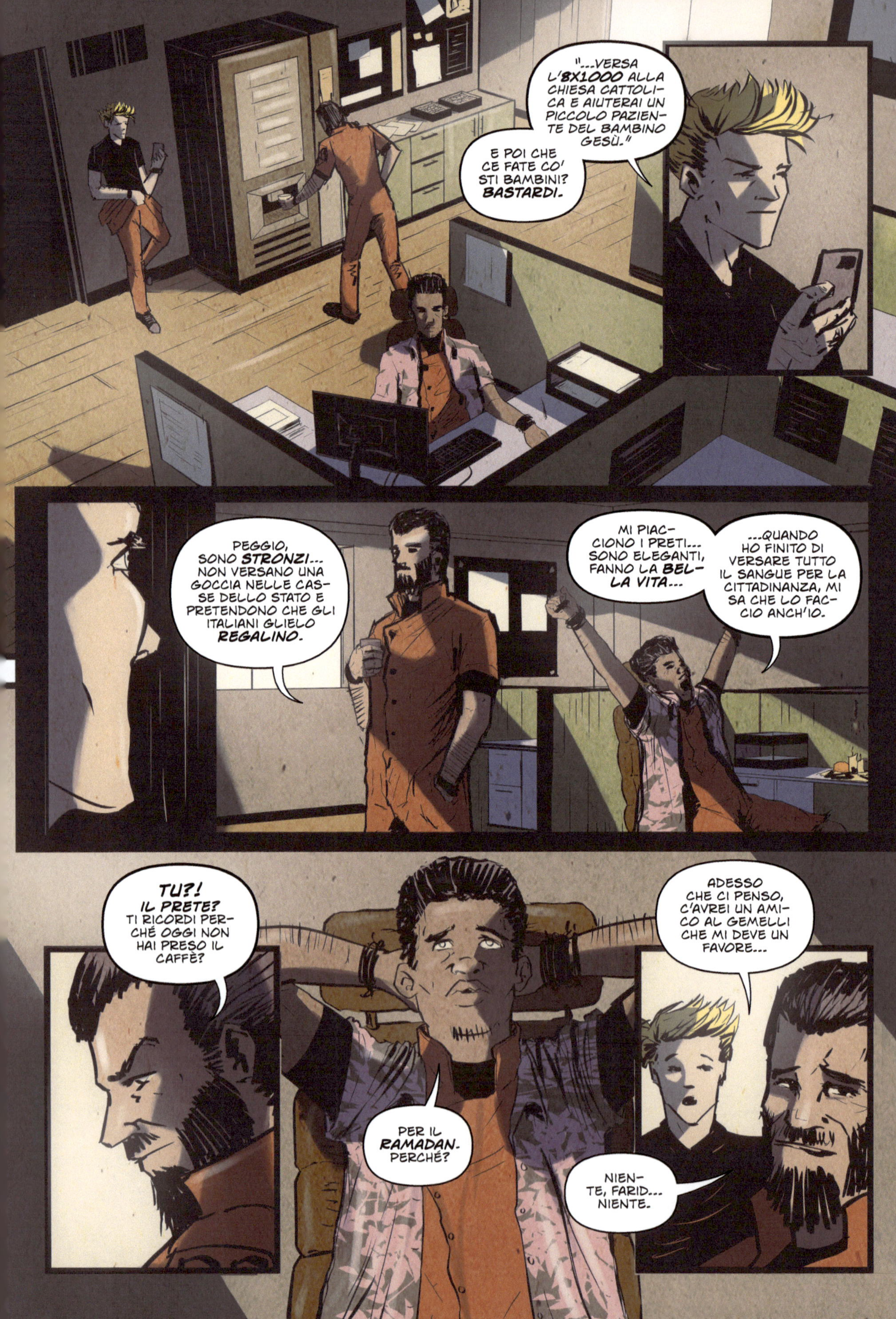
"...VERSA L'8X1000 ALLA CHIESA CATTOLICA E AIUTERAI UN PICCOLO PAZIENTE DEL BAMBINO GESÙ."
E POI CHE CE FATE CO' STI BAMBINI? BASTARDI.
PEGGIO, SONO STRONZI... NON VERSANO UNA GOCCIA NELLE CASSE DELLO STATO E PRETENDONO CHE GLI ITALIANI GLIELO REGALINO.
MI PIACCIONO I PRETI... SONO ELEGANTI, FANNO LA BELLA VITA...
...QUANDO HO FINITO DI VERSARE TUTTO IL SANGUE PER LA CITTADINANZA, MI SA CHE LO FACCIO ANCH'IO.
TU?! IL PRETE? TI RICORDI PERCHÉ OGGI NON HAI PRESO IL CAFFÈ?
ADESSO CHE CI PENSO, C'AVREI UN AMICO AL GEMELLI CHE MI DEVE UN FAVORE...
PER IL RAMADAN. PERCHÉ?
NIENTE, FARID... NIENTE.

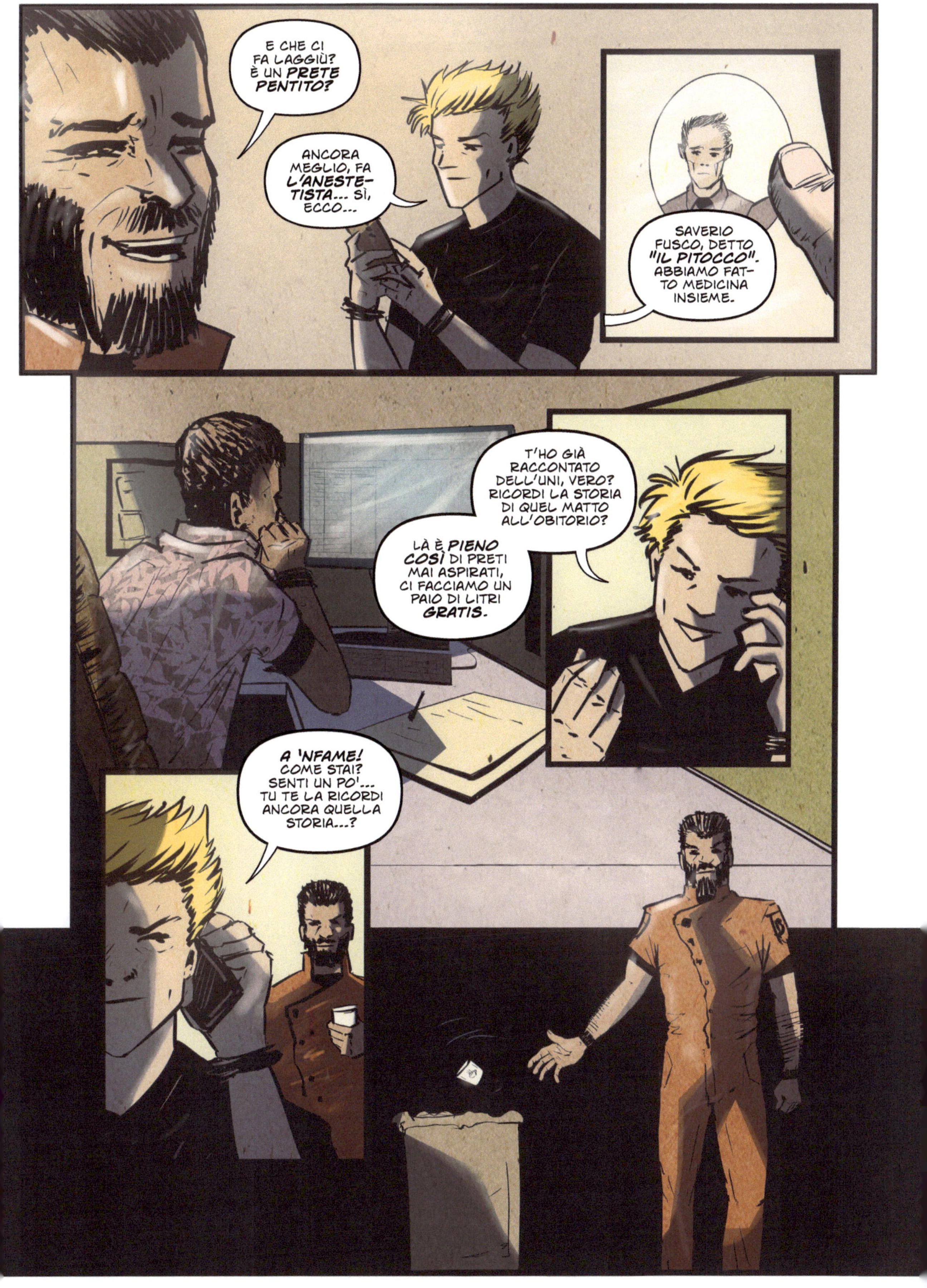

E CHE CI FA LAGGIÙ? È UN PRETE PENTITO?
ANCORA MEGLIO, FA L'ANESTETISTA... SÌ, ECCO...
SAVERIO FUSCO, DETTO "IL PITOCCO". ABBIAMO FATTO MEDICINA INSIEME.
T'HO GIÀ RACCONTATO DELL'UNI, VERO? RICORDI LA STORIA DI QUEL MATTO ALL'OBITORIO?
LÀ È PIENO COSÌ DI PRETI MAI ASPIRATI, CI FACCIAMO UN PAIO DI LITRI GRATIS.
A 'NFAME! COME STAI? SENTI UN PO'... TU TE LA RICORDI ANCORA QUELLA STORIA...?

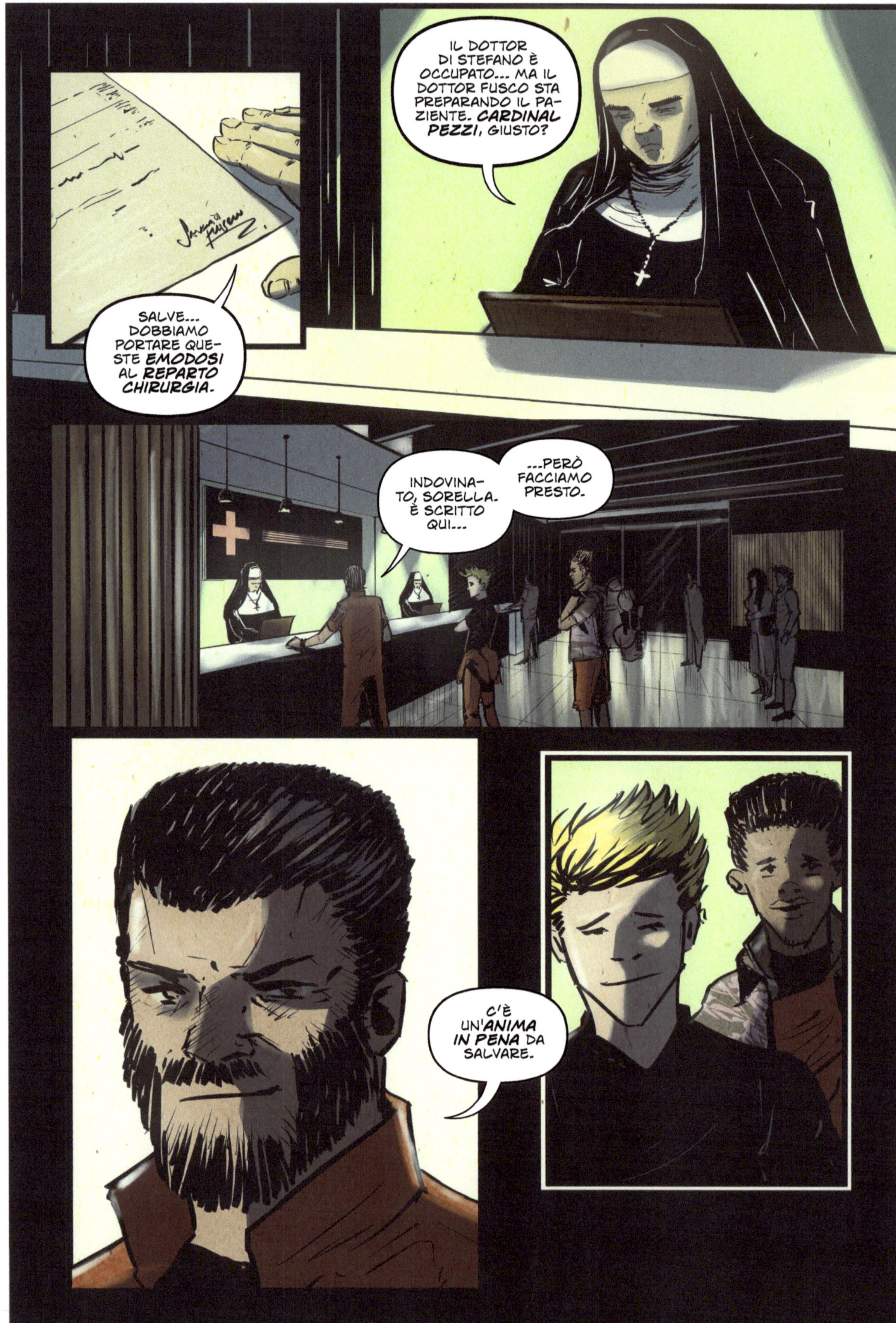
IL DOTTOR DI STEFANO È OCCUPATO... MA IL DOTTOR FUSCO STA PREPARANDO IL PAZIENTE. CARDINAL PEZZI, GIUSTO?
SALVE... DOBBIAMO PORTARE QUESTE EMODOSI AL REPARTO CHIRURGIA.
INDOVINATO, SORELLA. È SCRITTO QUI...
...PERÒ FACCIAMO PRESTO.
C'È UN'ANIMA IN PENA DA SALVARE.

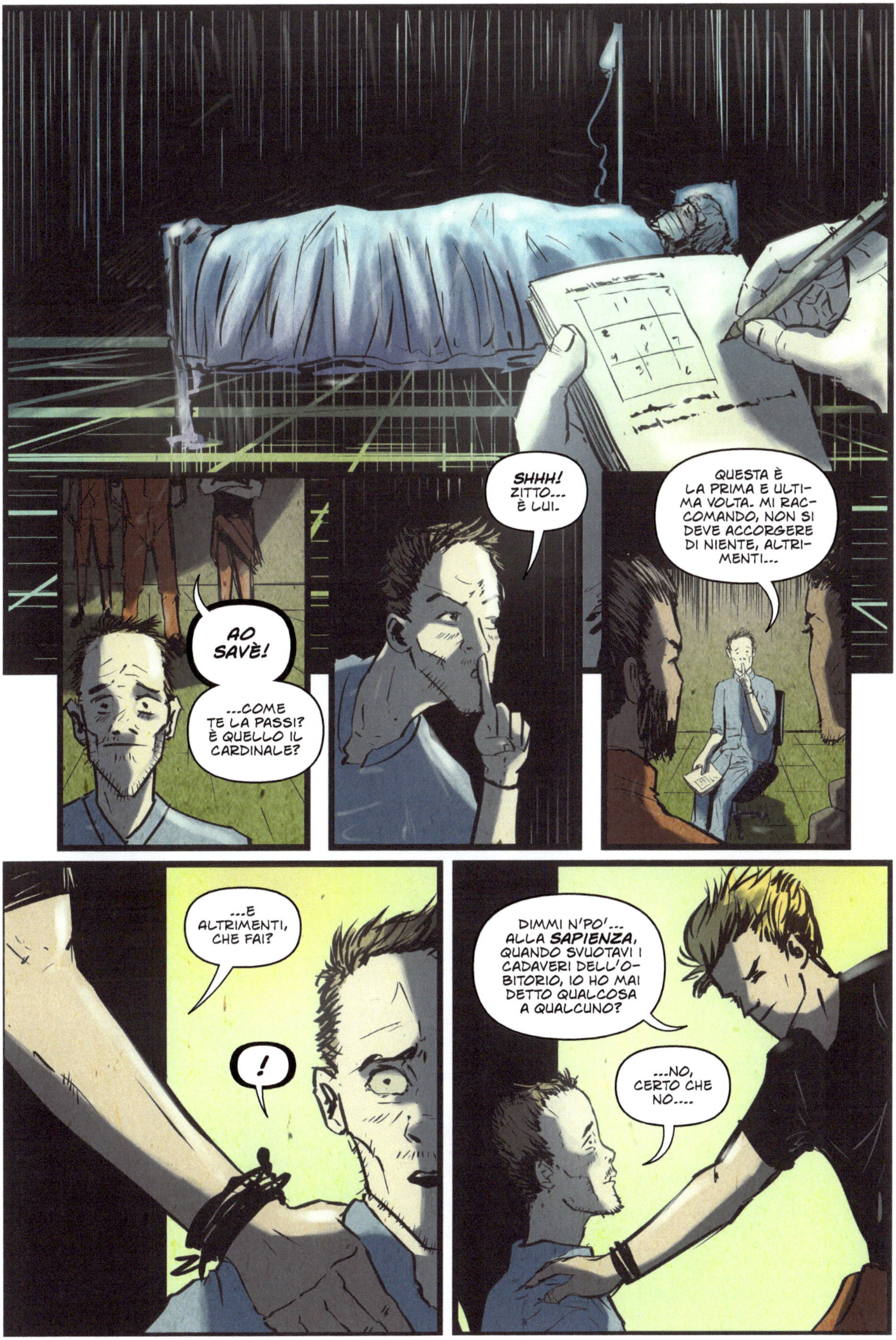

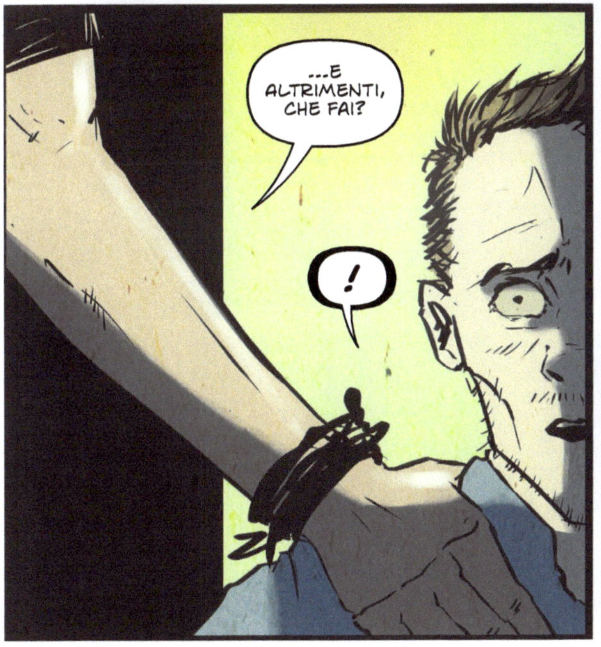
AO SAVÈ!
...COME TE LA PASSI? È QUELLO IL CARDINALE?
SHHH! ZITTO... È LUI.
QUESTA È LA PRIMA E ULTIMA VOLTA. MI RACCOMANDO, NON SI DEVE ACCORGERE DI NIENTE, ALTRIMENTI...
...E ALTRIMENTI, CHE FAI?
!

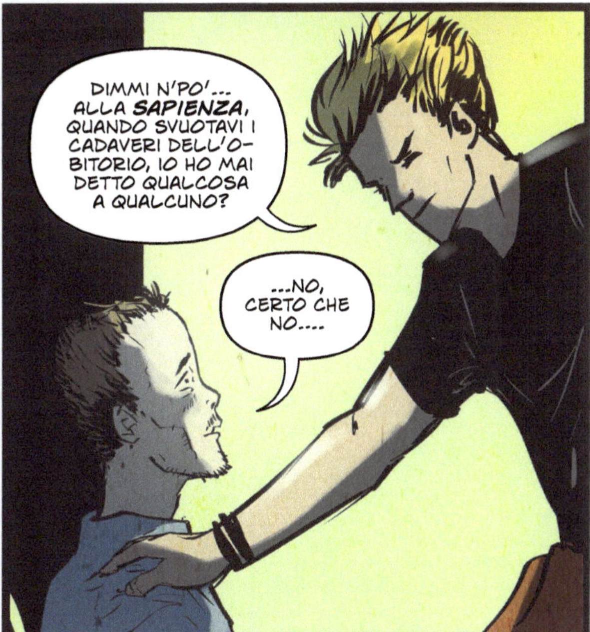
DIMMI N'PO'... ALLA SAPIENZA, QUANDO SVUOTAVI I CADAVERI DELL'OBITORIO, IO HO MAI DETTO QUALCOSA A QUALCUNO?
...NO, CERTO CHE NO....

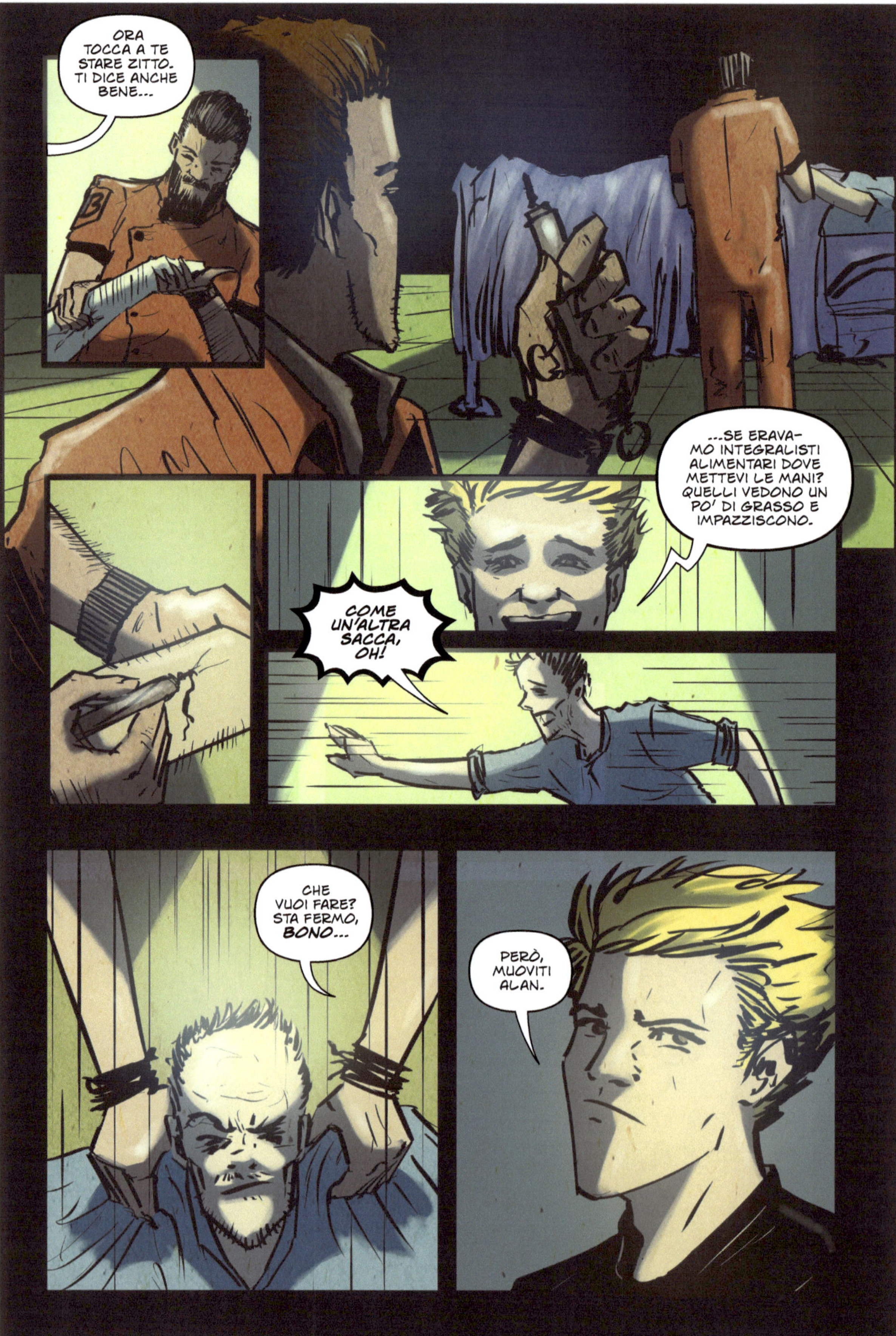

ORA TOCCA A TE STARE ZITTO. TI DICE ANCHE BENE...
...SE ERAVAMO INTEGRALISTI ALIMENTARI DOVE METTEVI LE MANI? QUELLI VEDONO UN PO' DI GRASSO E IMPAZZISCONO.
COME UN'ALTRA SACCA, OH!
CHE VUOI FARE? STA FERMO, BONO...
PERÒ, MUOVITI ALAN.

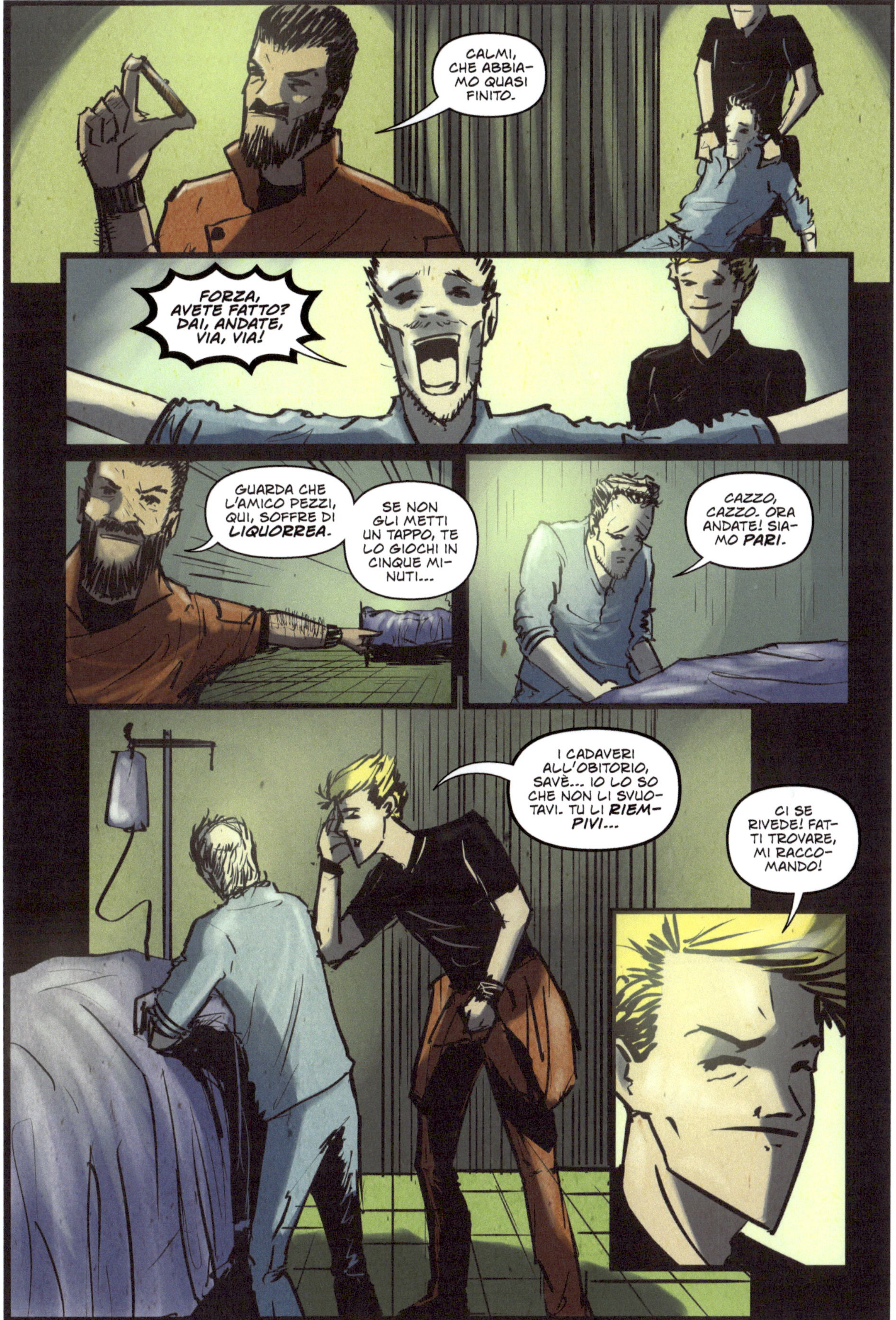

CALMI, CHE ABBIAMO QUASI FINITO.
FORZA, AVETE FATTO? DAI, ANDATE, VIA, VIA!
GUARDA CHE L'AMICO PEZZI, QUI, SOFFRE DI LIQUORREA.
SE NON GLI METTI UN TAPPO, TE LO GIOCHI IN CINQUE MINUTI...
CAZZO, CAZZO. ORA ANDATE! SIAMO PARI.
I CADAVERI ALL'OBITORIO, SAVÈ... IO LO SO CHE NON LI SVUOTAVI. TU LI RIEMPIVI...
CI SE RIVEDE! FATTI TROVARE, MI RACCOMANDO!

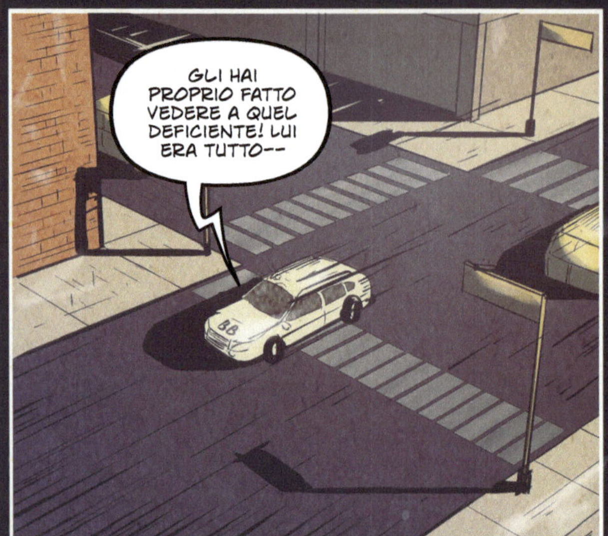

GLI HAI PROPRIO FATTO VEDERE A QUEL DEFICIENTE! LUI ERA TUTTO--

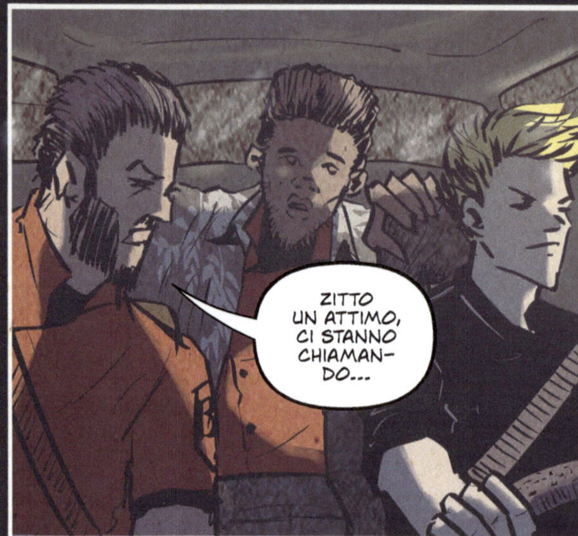

ZITTO UN ATTIMO, CI STANNO CHIAMAN- DO...

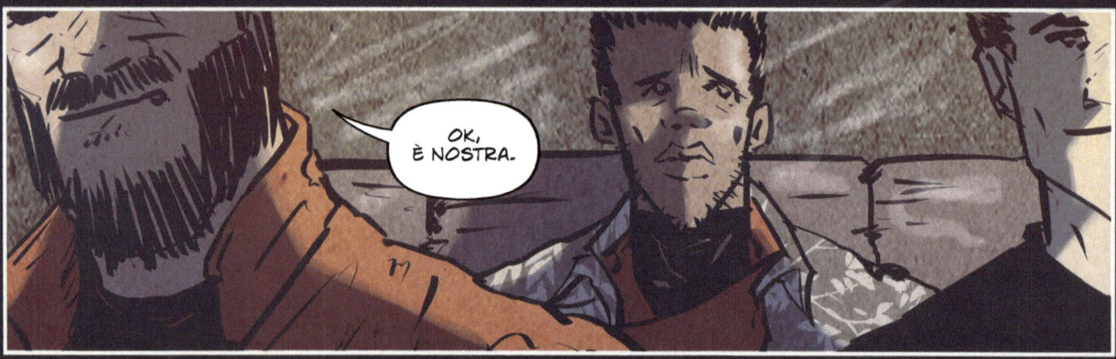

DIETRO L'AGENZIA, ZONA PONTE BIANCO...
ABBIAMO SENTITO DALLA POLIZIA CHE C'È STATO UN INCIDEN- TE TRA UN CAMION, UN'UTILITARIA E UN TERZO VEI- COLO.
4, MASSIMO 5 PERSONE. AVETE 8 MINUTI SULLA PRIMA VOLANTE. IL TRAFFICO SU VIALE TRASTEVERE DOVREBBE RAL- LENTARLI.

OK, È NOSTRA.

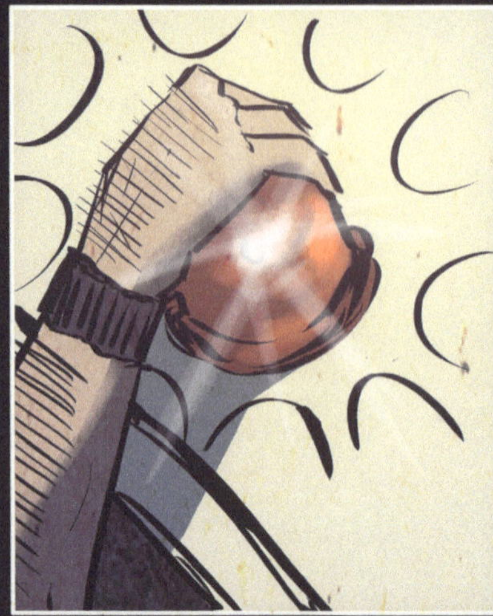

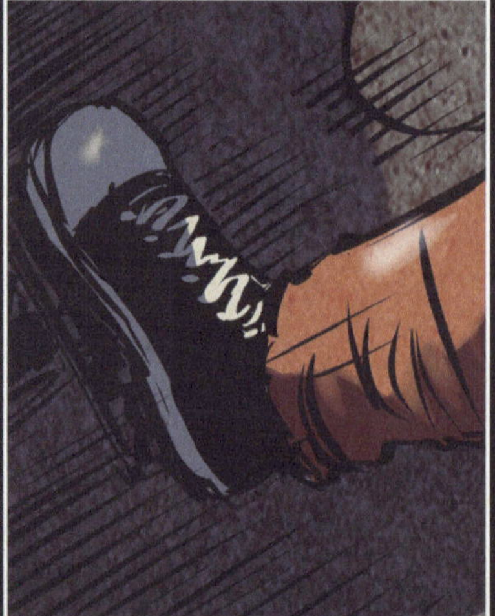

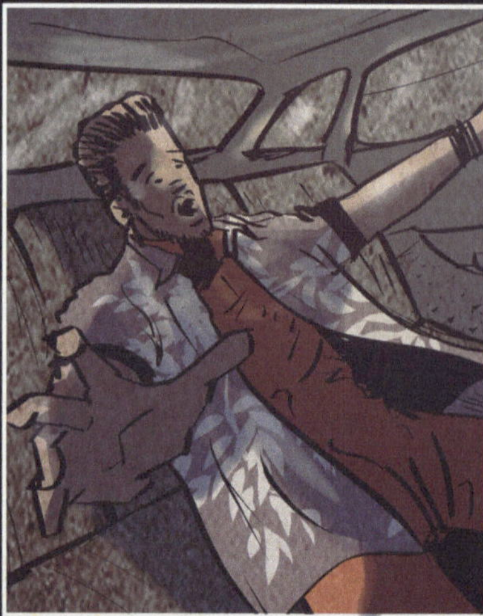

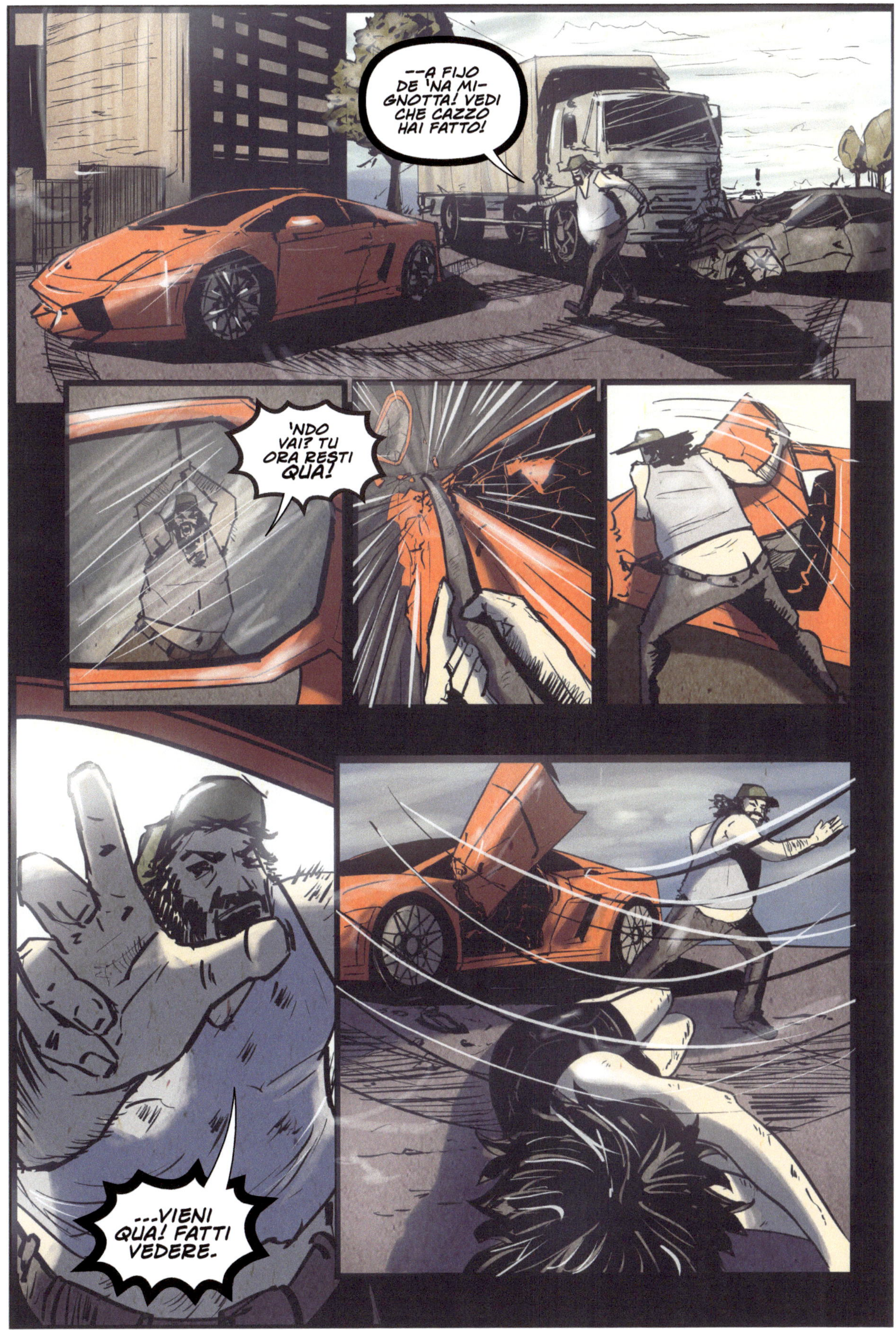
--A FIJO DE 'NA MI-GNOTTA! VEDI CHE CAZZO HAI FATTO!
'NDO VAI? TU ORA RESTI QUA!
...VIENI QUA! FATTI VEDERE.

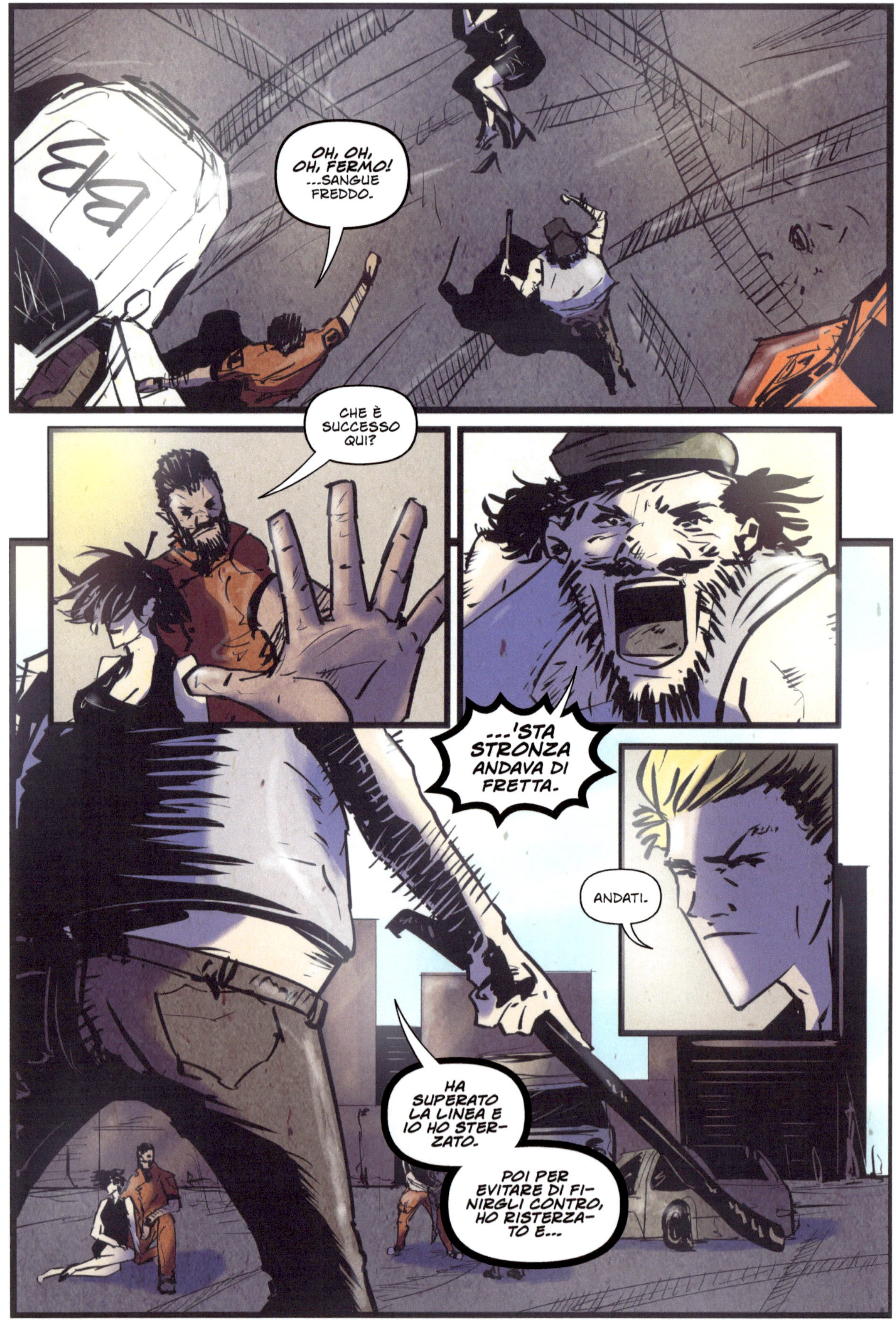

OH, OH, OH, FERMO! ...SANGUE FREDDO.
CHE È SUCCESSO QUI?
...'STA STRONZA ANDAVA DI FRETTA.
ANDATI.
HA SUPERATO LA LINEA E IO HO STERZATO.
POI PER EVITARE DI FINIRGLI CONTRO, HO RISTERZATO E...

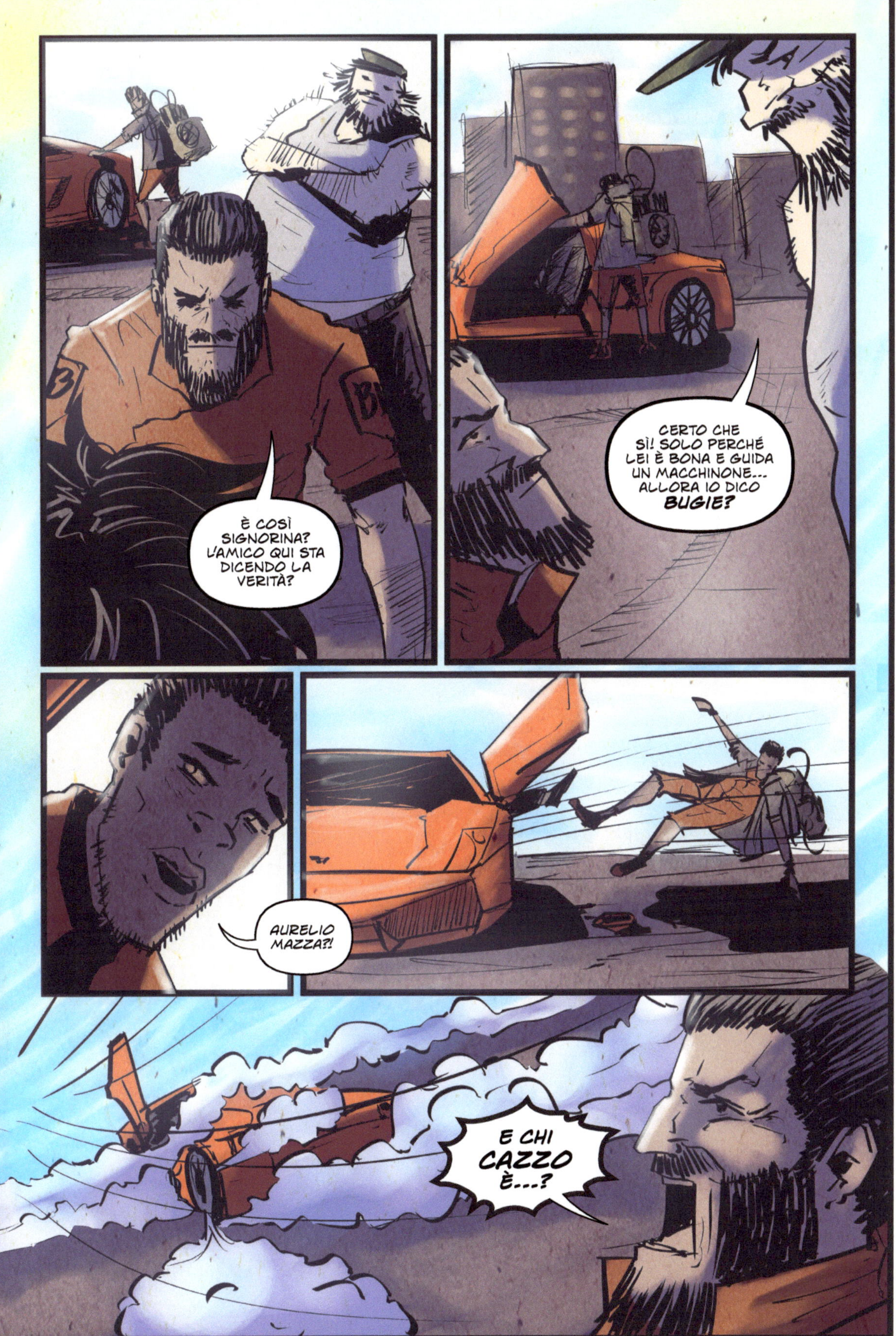

È COSÌ SIGNORINA? L'AMICO QUI STA DICENDO LA VERITÀ?
CERTO CHE SÌ! SOLO PERCHÉ LEI È BONA E GUIDA UN MACCHINONE... ALLORA IO DICO BUGIE?
AURELIO MAZZA?!
E CHI CAZZO È...?

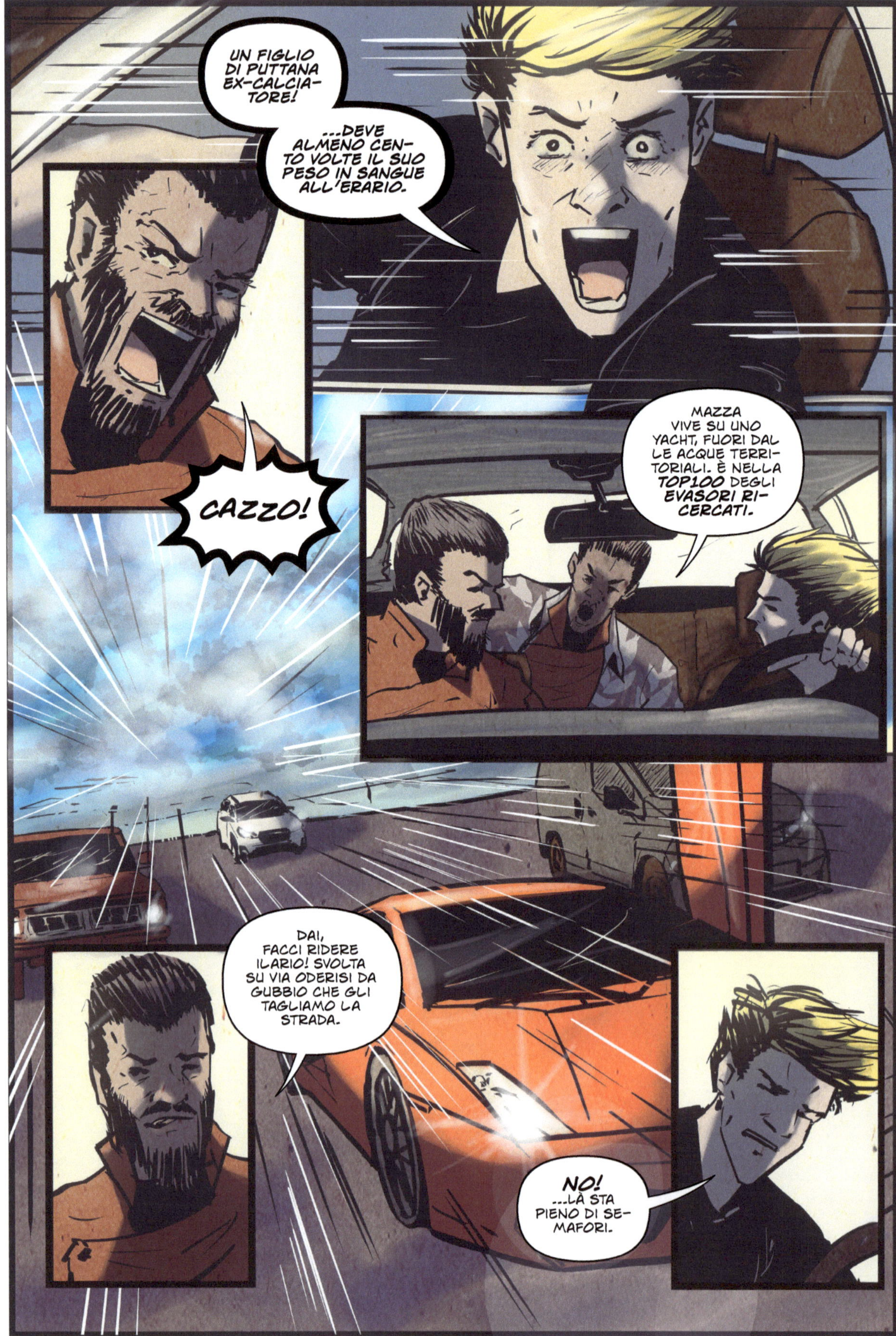

UN FIGLIO DI PUTTANA EX-CALCIATORE!
...DEVE ALMENO CENTO VOLTE IL SUO PESO IN SANGUE ALL'ERARIO.
CAZZO!
MAZZA VIVE SU UNO YACHT, FUORI DALLE ACQUE TERRITORIALI. È NELLA TOP100 DEGLI EVASORI RICERCATI.
DAI, FACCI RIDERE ILARIO! SVOLTA SU VIA ODERISI DA GUBBIO CHE GLI TAGLIAMO LA STRADA.
NO! ...LÀ STA PIENO DI SEMAFORI.

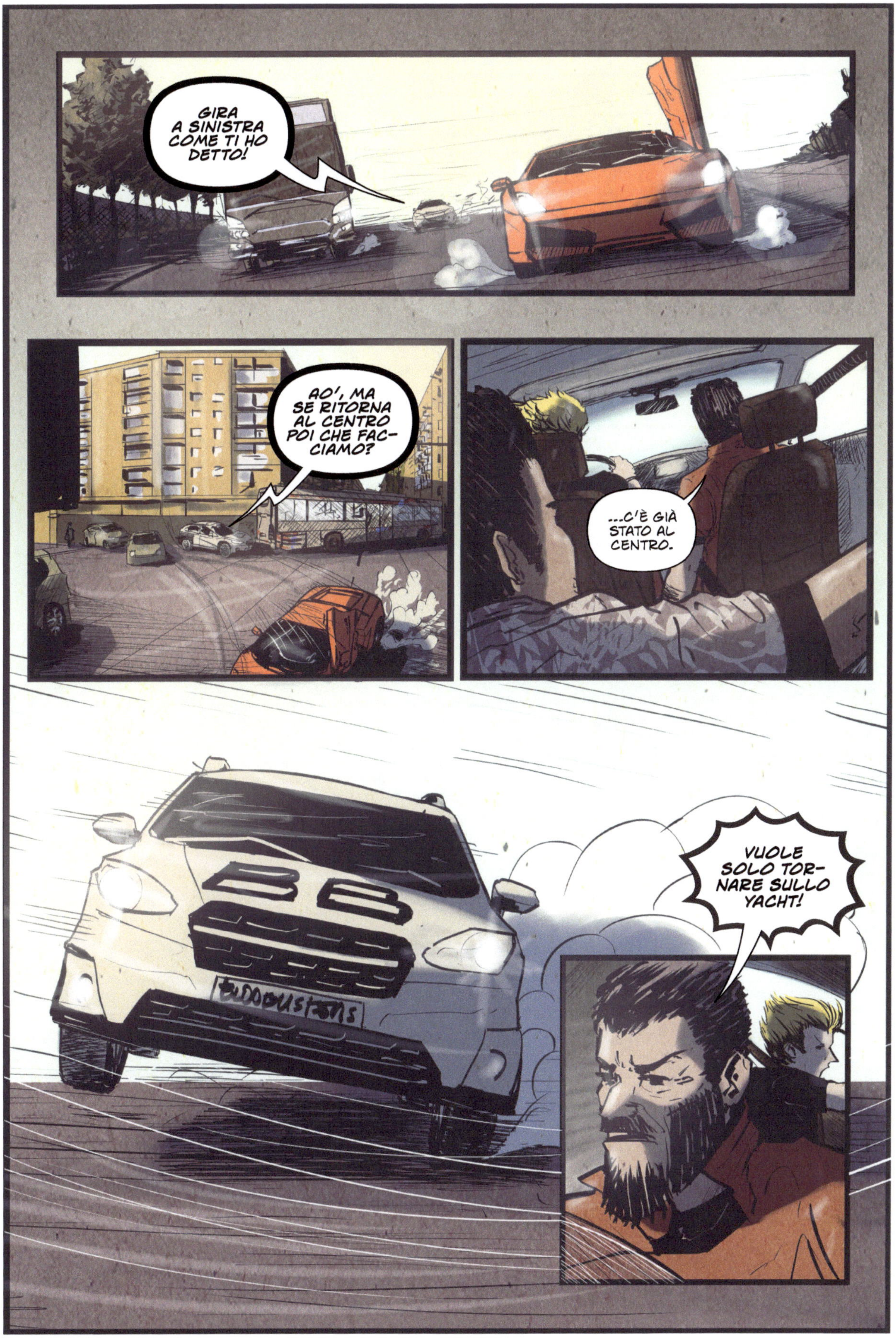

GIRA A SINISTRA COME TI HO DETTO!
AO', MA SE RITORNA AL CENTRO POI CHE FACCIAMO?
...C'È GIÀ STATO AL CENTRO.
VUOLE SOLO TORNARE SULLO YACHT!

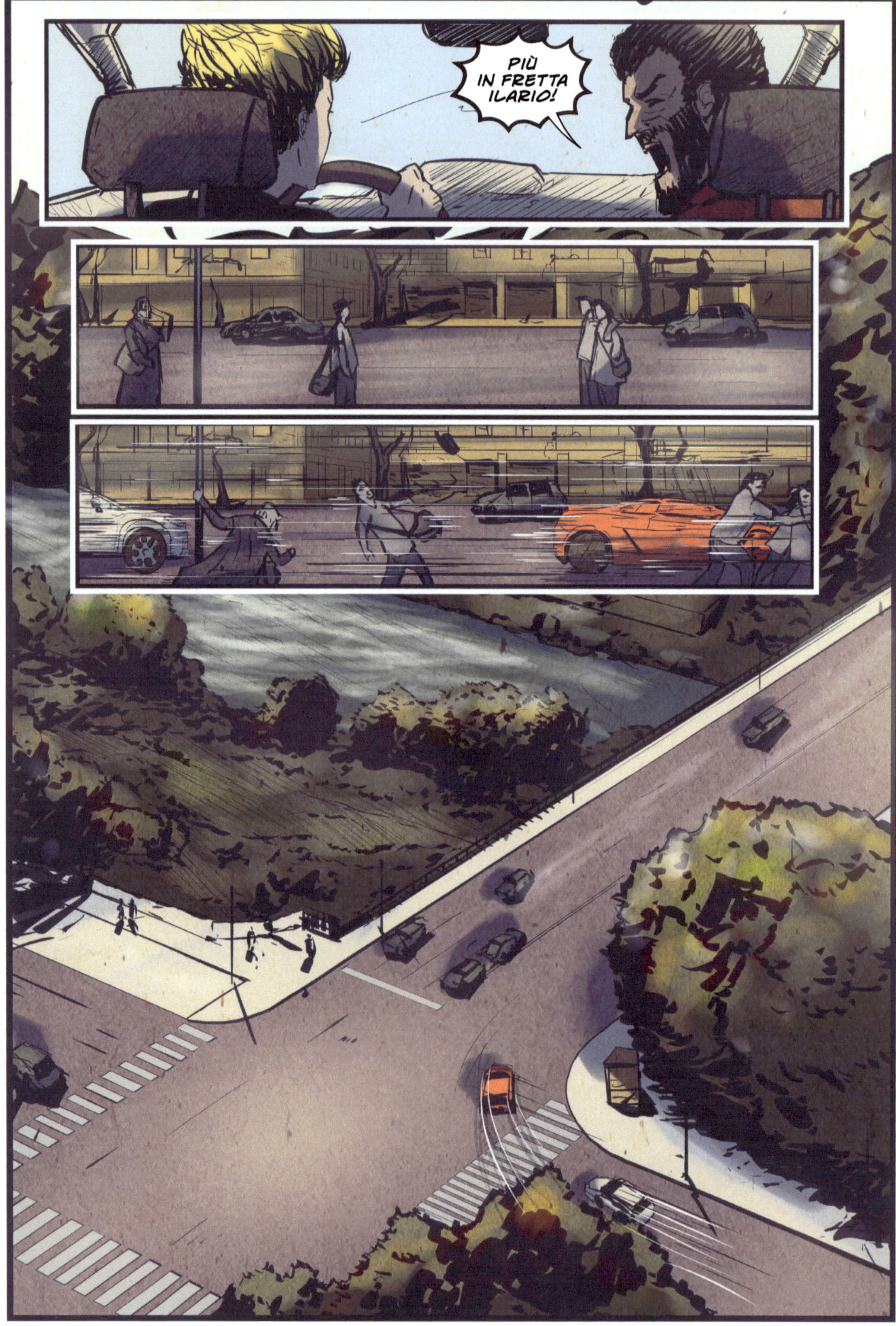

PIÙ IN FRETTA ILARIO!

PIÙ IN FRETTA ILARIO!

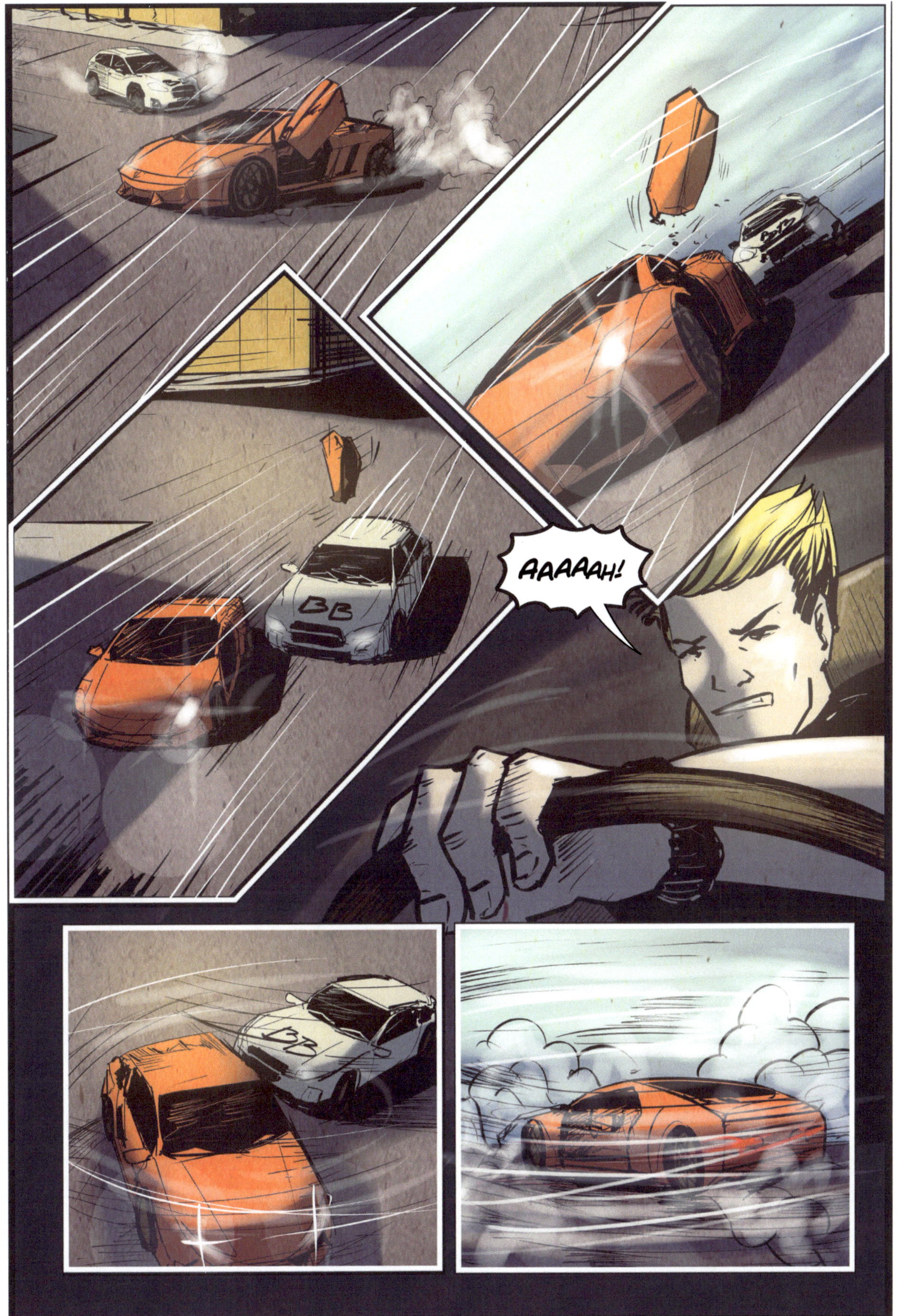
AAAAAH!

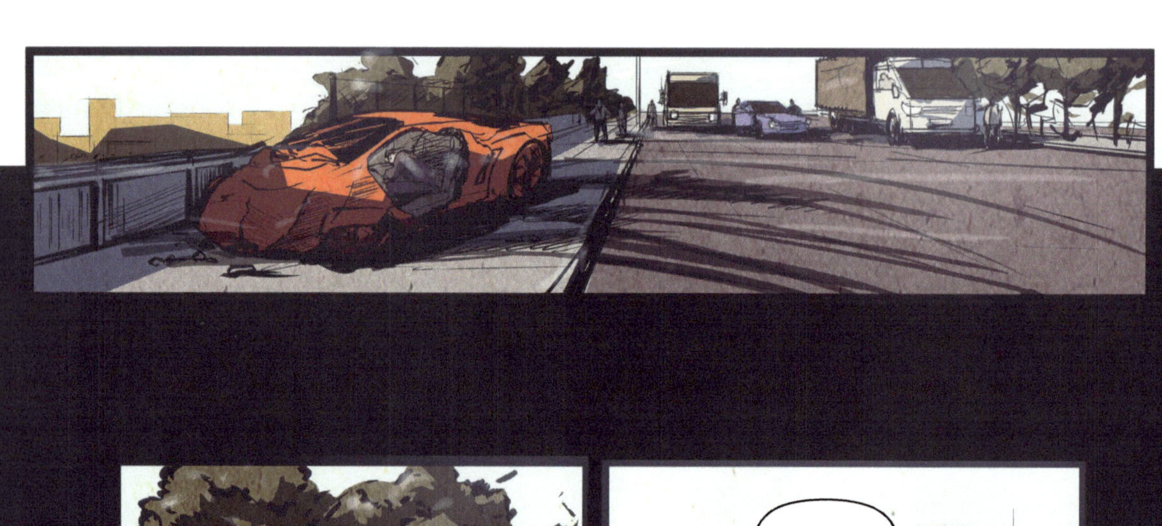

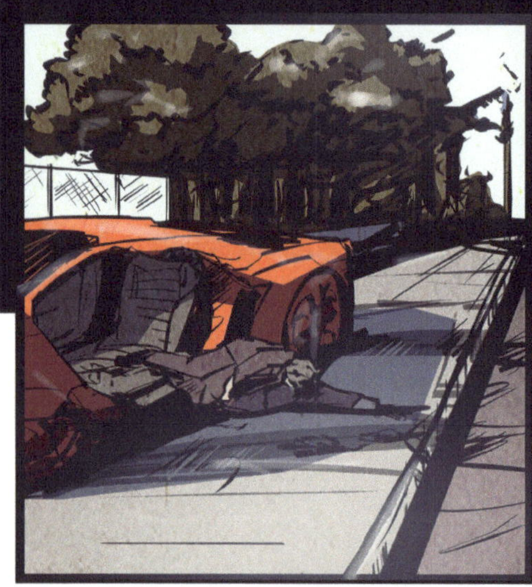

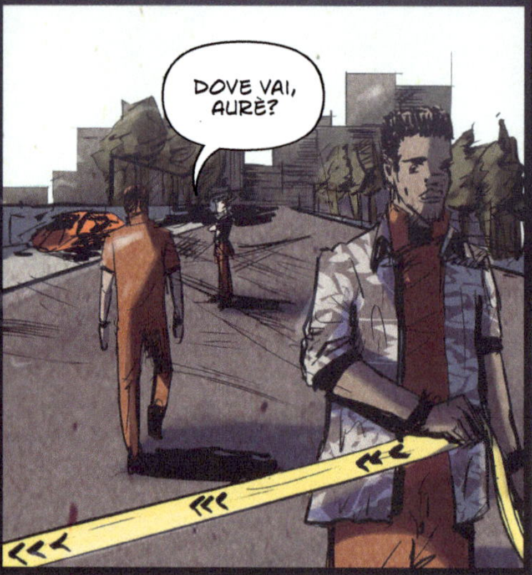

DOVE VAI, AURÈ?

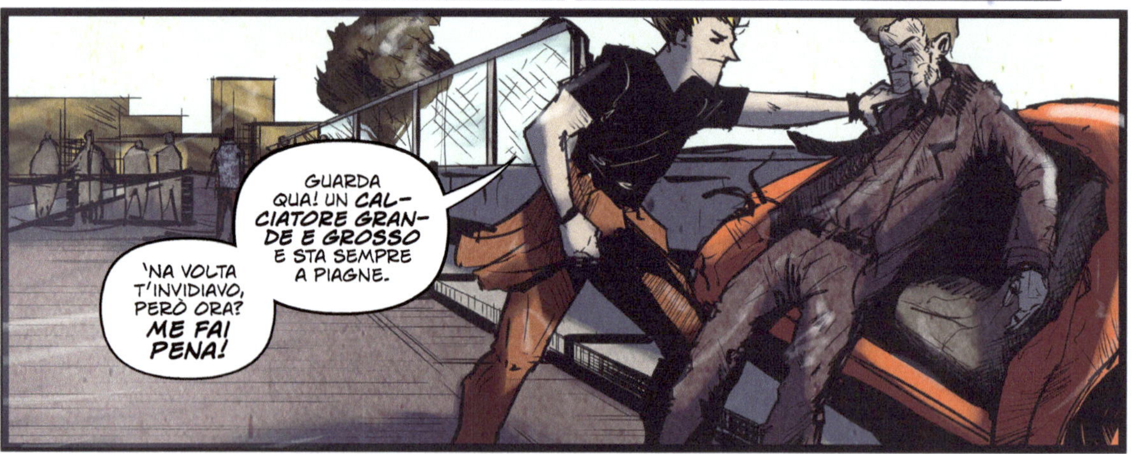

GUARDA QUA! UN CALCIATORE GRANDE E GROSSO E STA SEMPRE A PIAGNE.
'NA VOLTA T'INVIDIAVO, PERÒ ORA? ME FAI PENA!

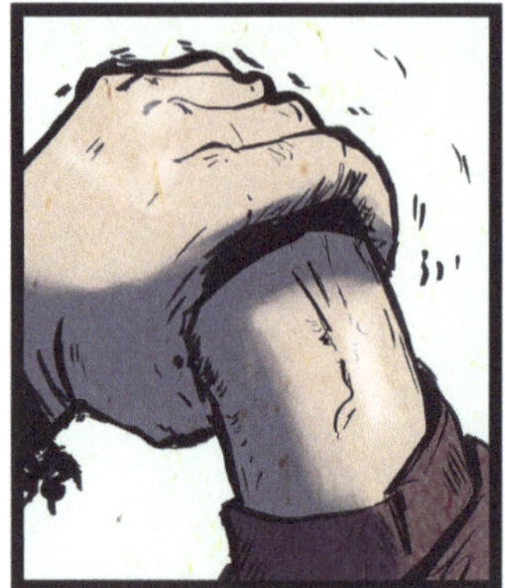

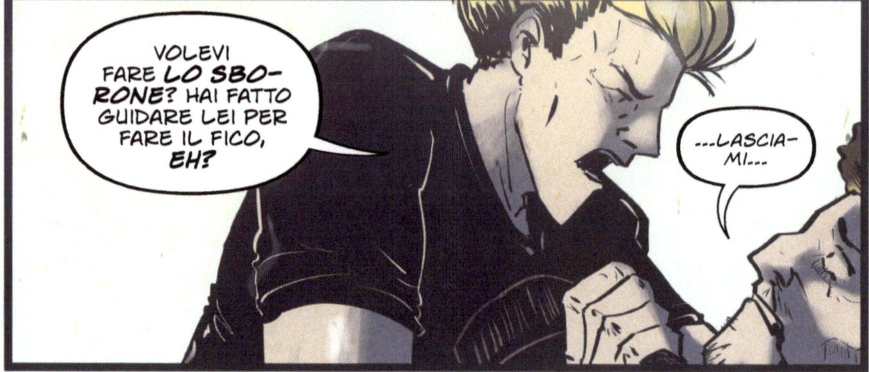

VOLEVI FARE LO SBORONE? HAI FATTO GUIDARE LEI PER FARE IL FICO, EH?
...LASCIAMI...

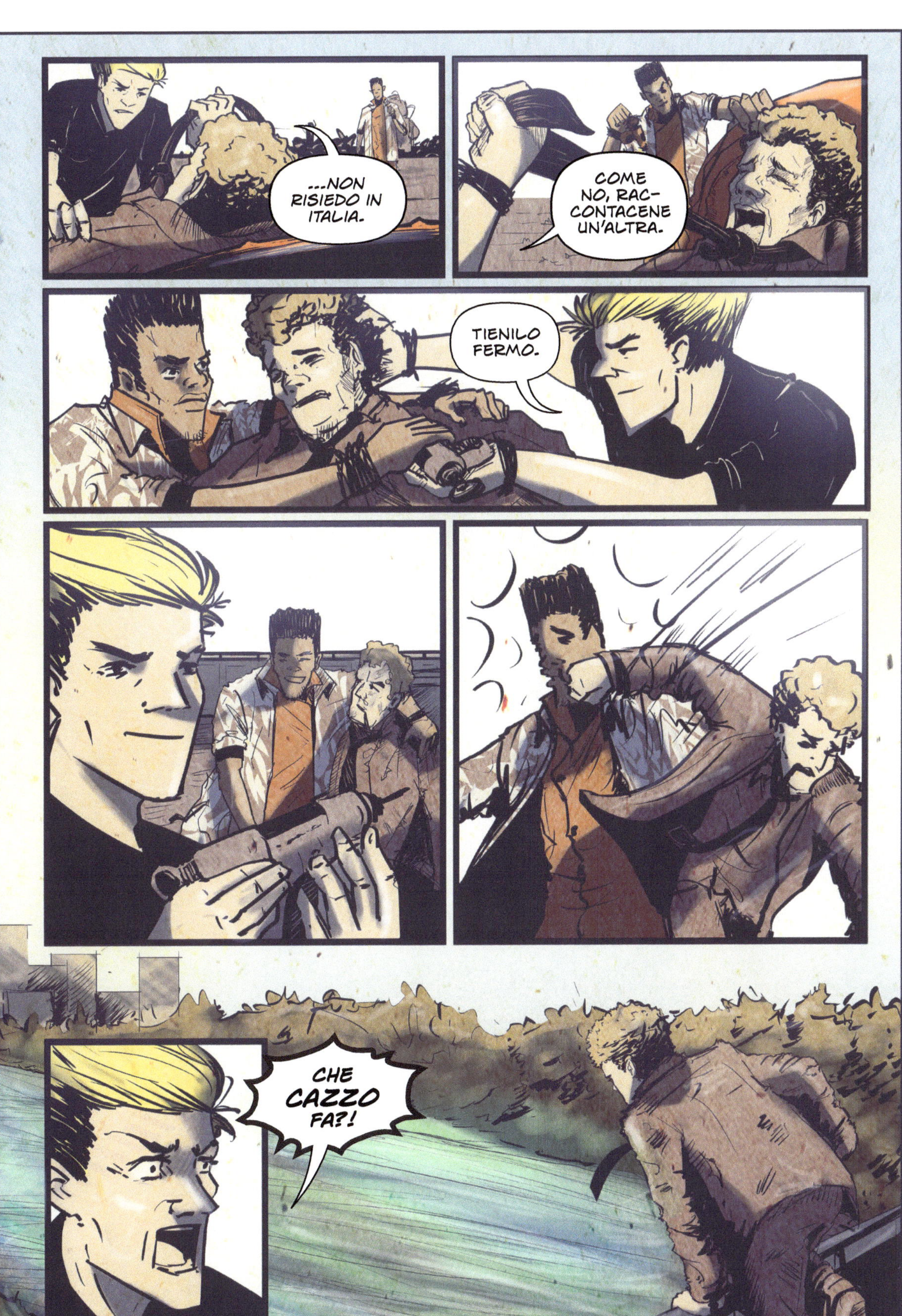

...NON RISIEDO IN ITALIA.
COME NO, RAC- CONTACENE UN'ALTRA.
TIENILO FERMO.
CHE CAZZO FA?!

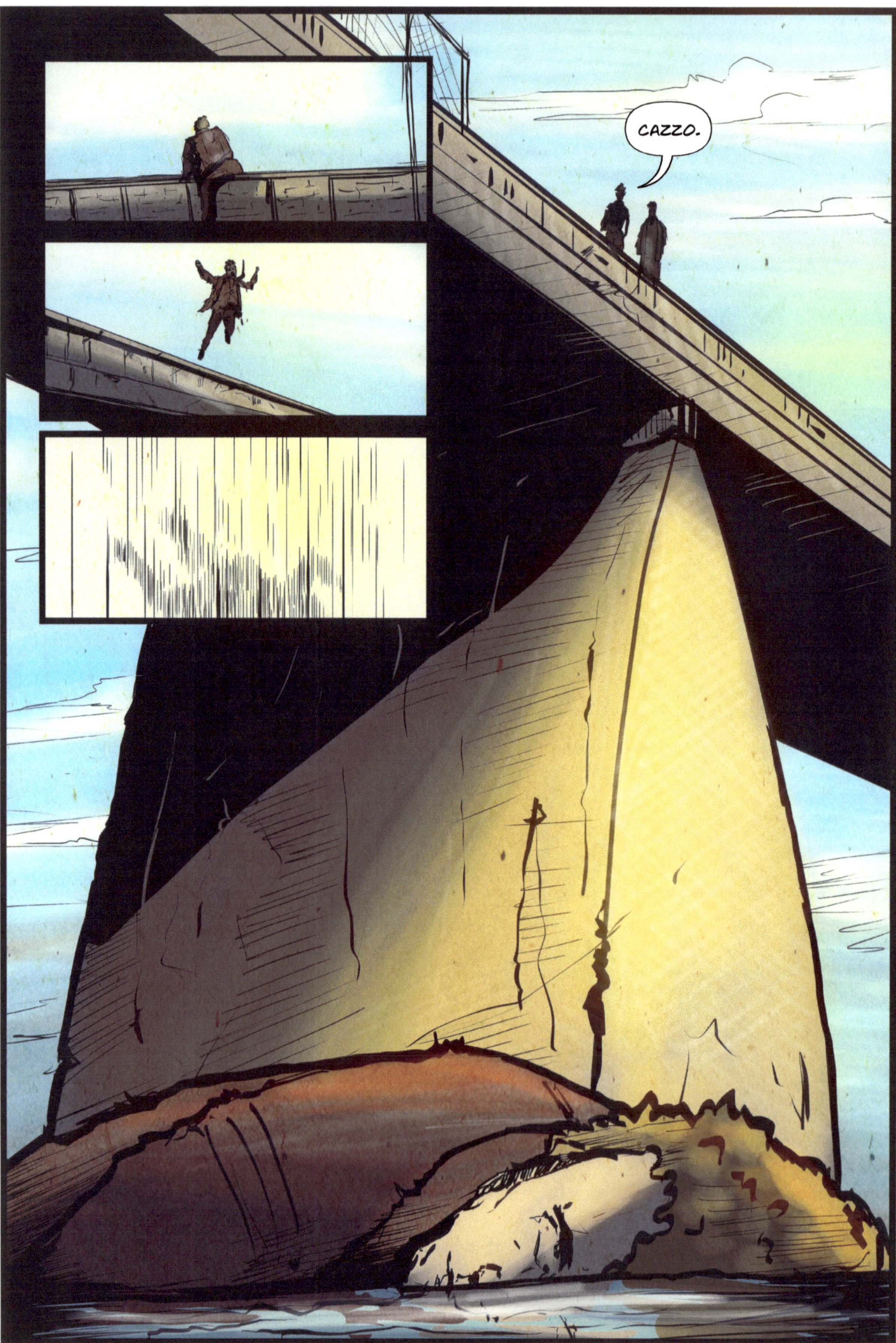
CAZZO.

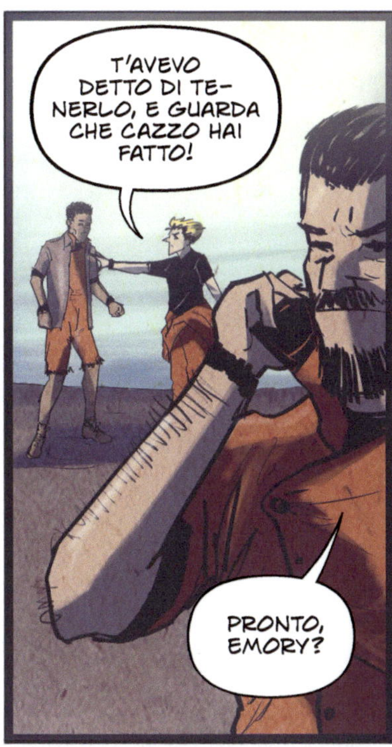

T'AVEVO DETTO DI TE-NERLO, E GUARDA CHE CAZZO HAI FATTO!
PRONTO, EMORY?

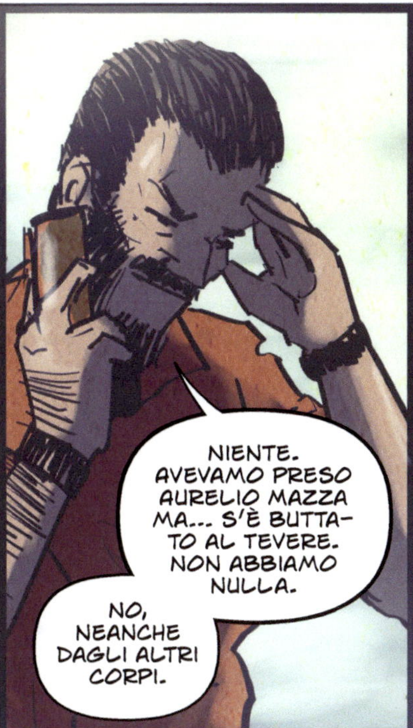

NIENTE. AVEVAMO PRESO AURELIO MAZZA MA... S'È BUTTA-TO AL TEVERE. NON ABBIAMO NULLA.
NO, NEANCHE DAGLI ALTRI CORPI.

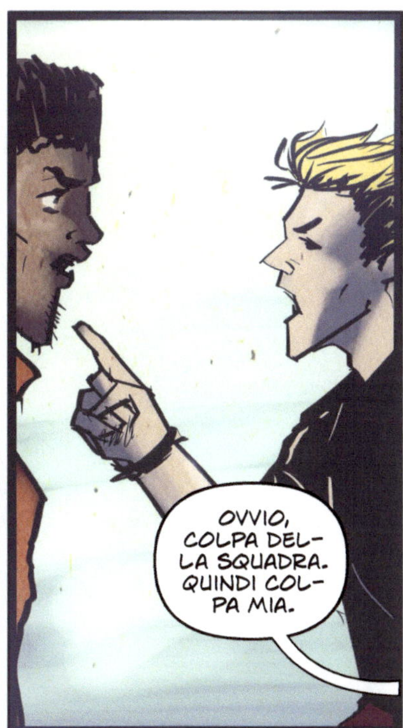

OVVIO, COLPA DEL-LA SQUADRA. QUINDI COL-PA MIA.

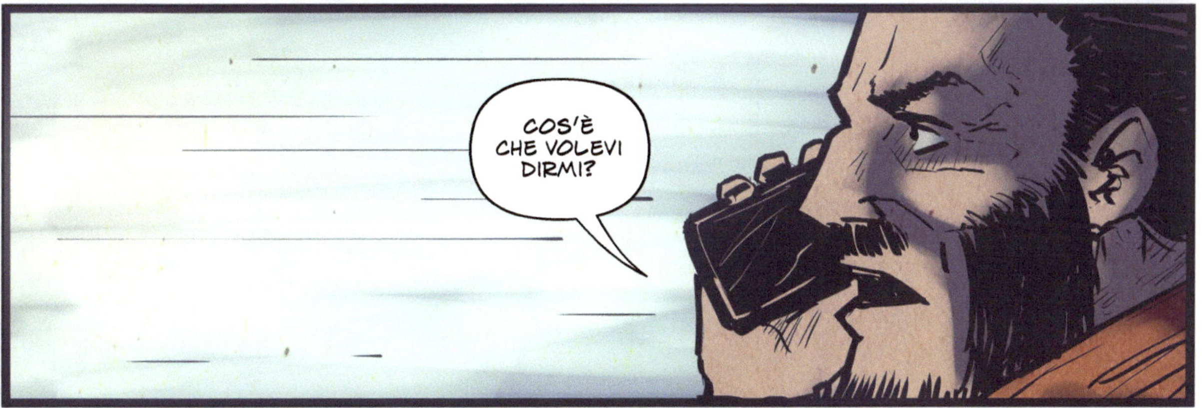

COS'È CHE VOLEVI DIRMI?

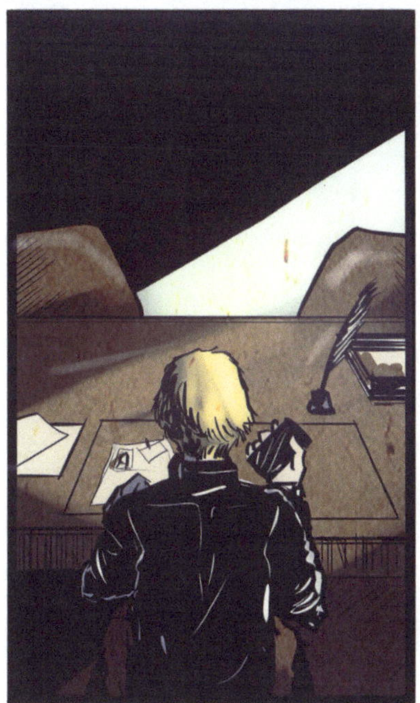

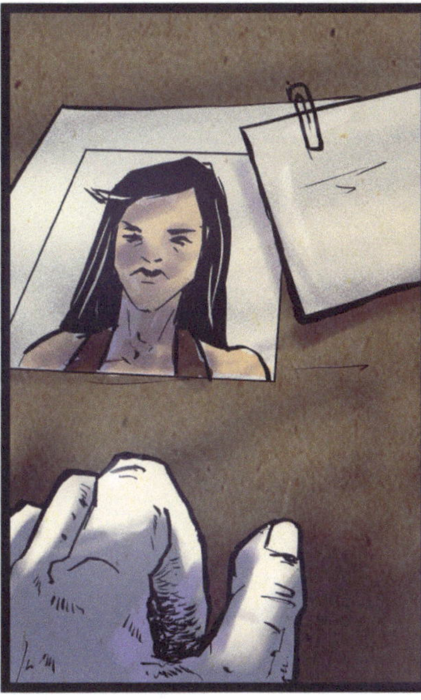

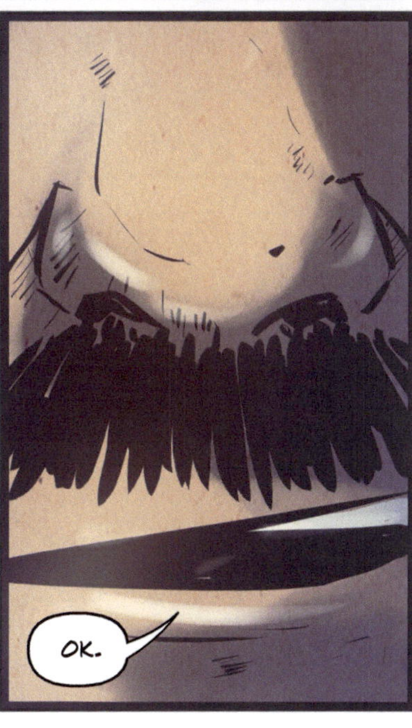

OK.

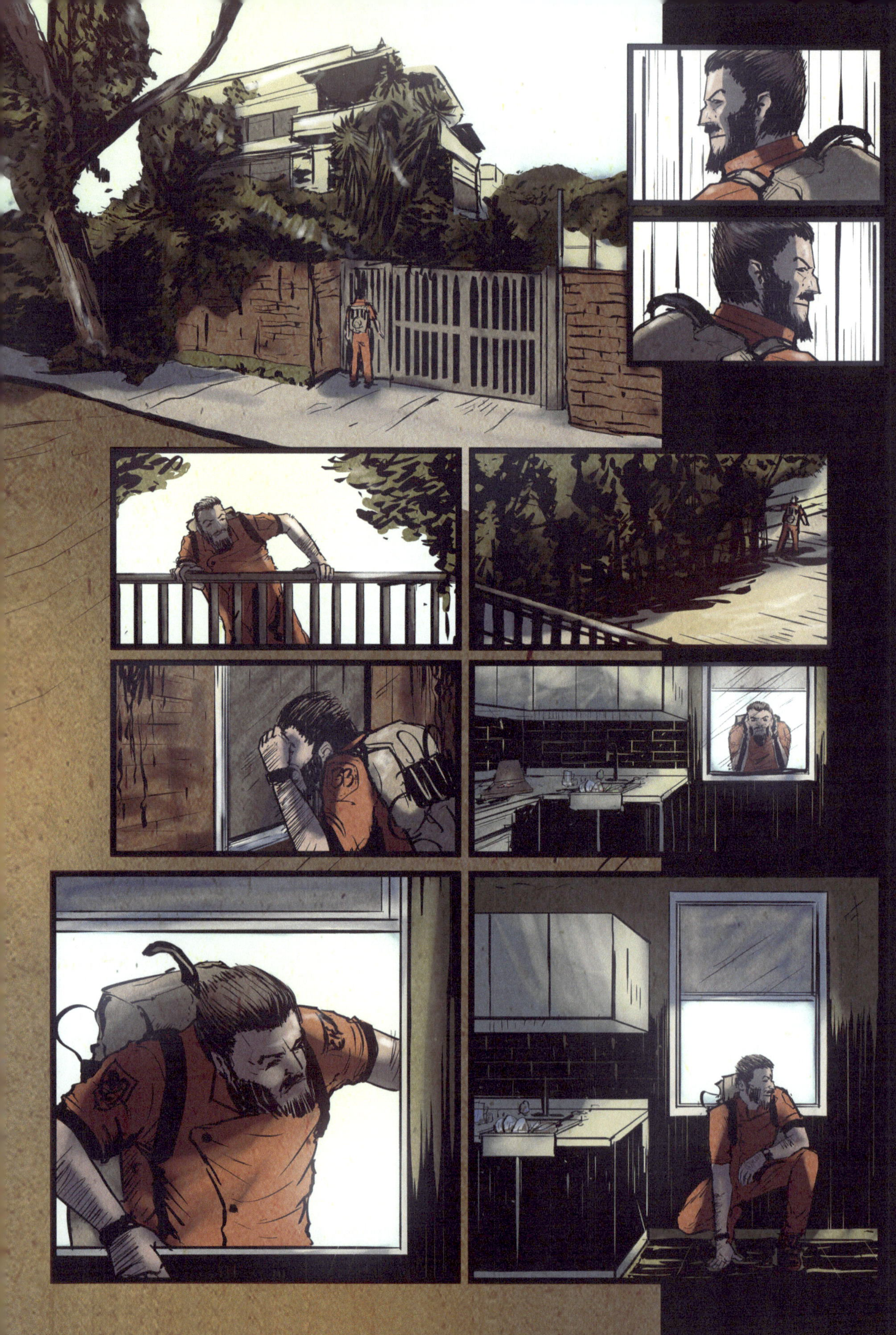

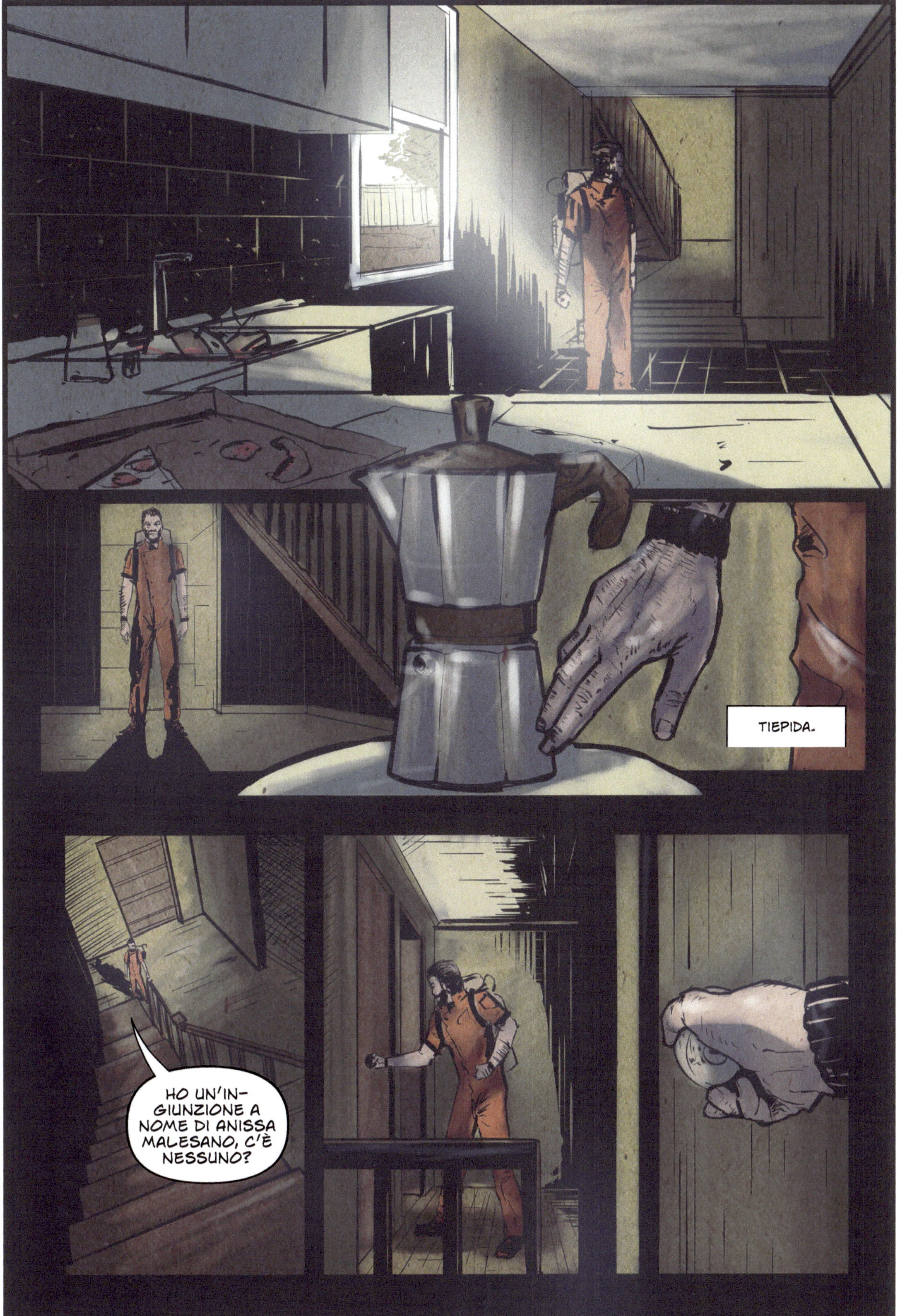
TIEPIDA.
HO UN'IN-
GIUNZIONE A
NOME DI ANISSA
MALESANO, C'È
NESSUNO?

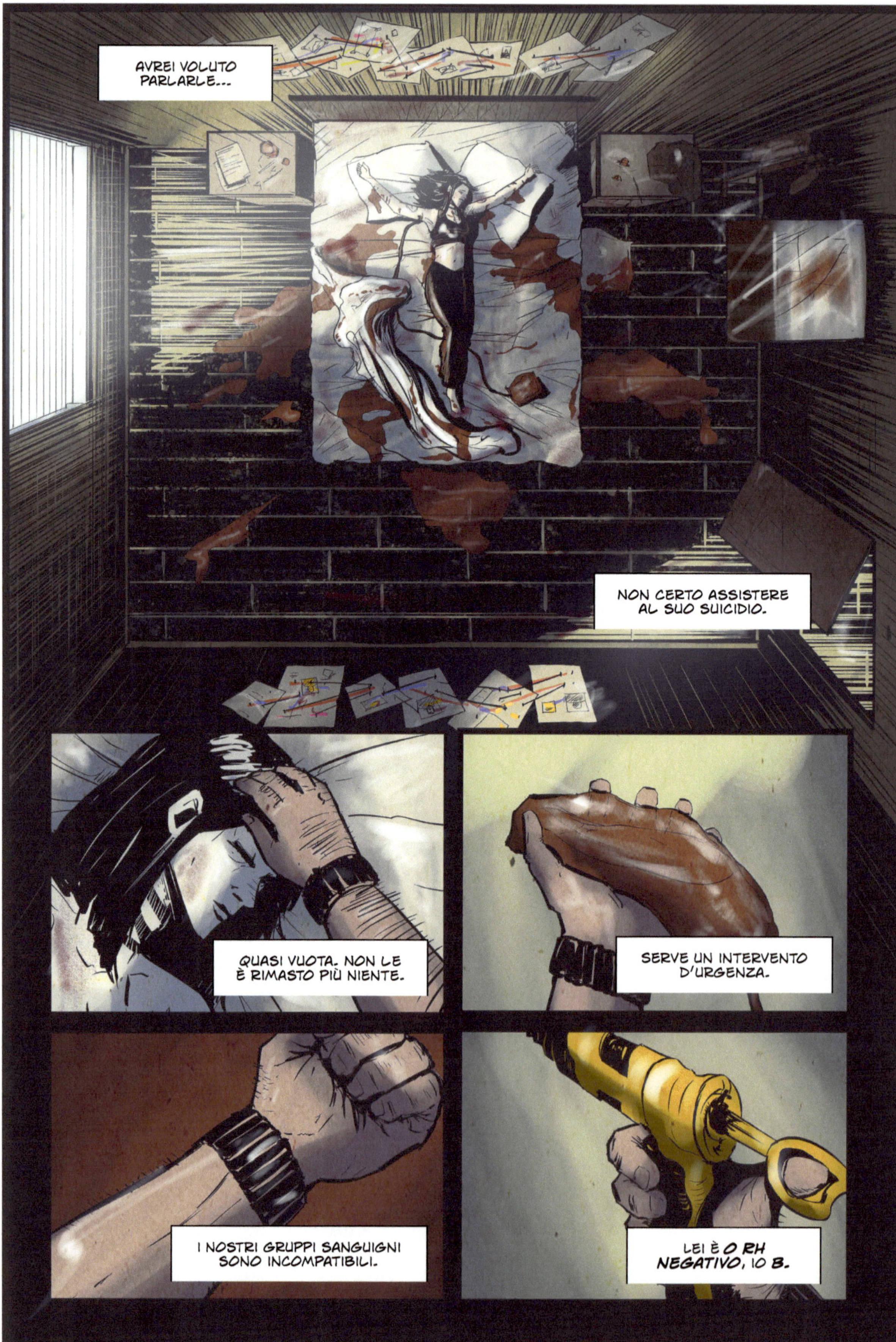

AVREI VOLUTO PARLARLE...
NON CERTO ASSISTERE AL SUO SUICIDIO.
QUASI VUOTA. NON LE È RIMASTO PIÙ NIENTE.
SERVE UN INTERVENTO D'URGENZA.
I NOSTRI GRUPPI SANGUIGNI SONO INCOMPATIBILI.
LEI È O RH NEGATIVO, IO B.

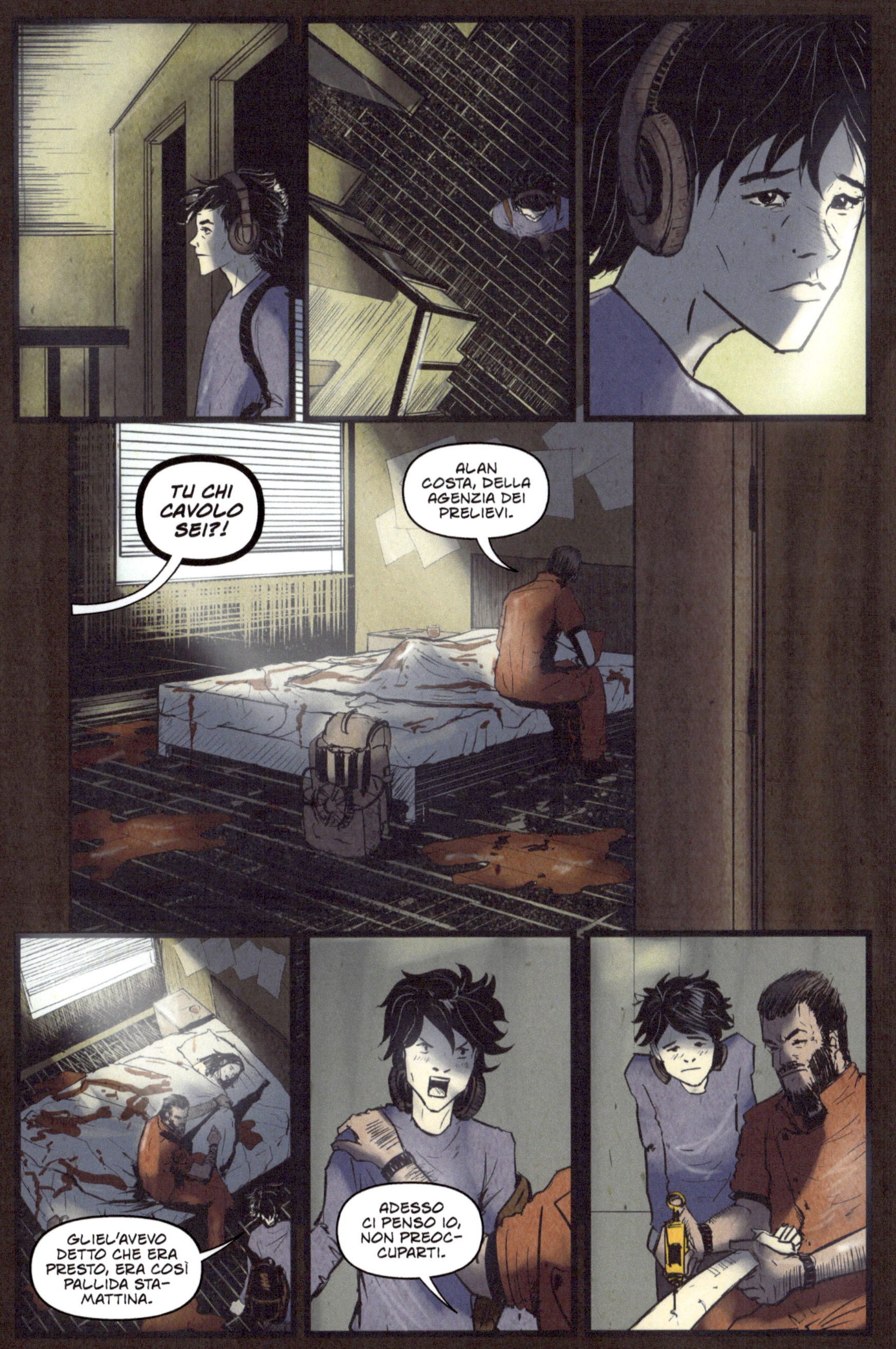

TU CHI CAVOLO SEI?!
ALAN COSTA, DELLA AGENZIA DEI PRELIEVI.
GLIEL'AVEVO DETTO CHE ERA PRESTO, ERA COSÌ PALLIDA STAMATTINA.
ADESSO CI PENSO IO, NON PREOCCUPARTI.

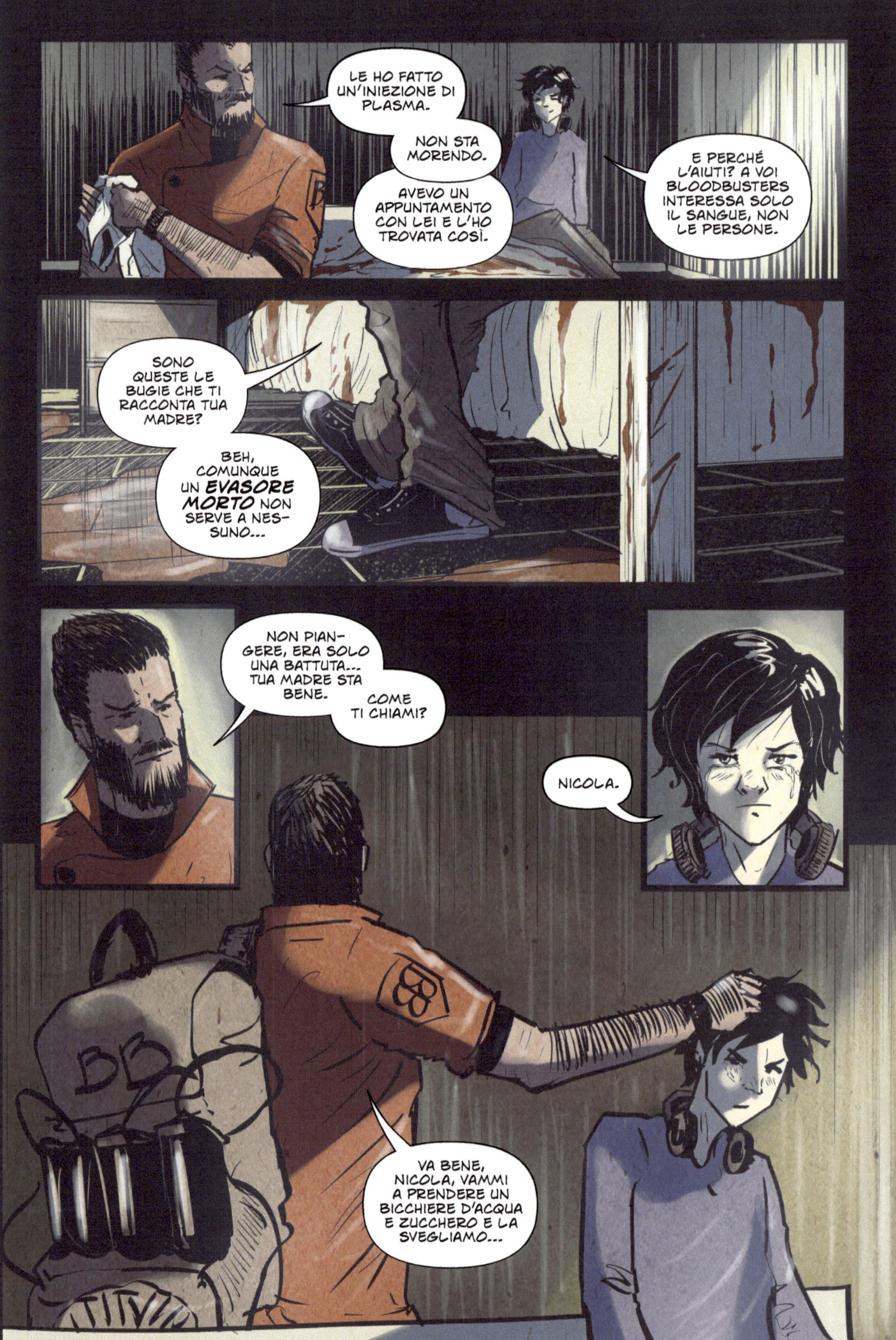

LE HO FATTO UN'INIEZIONE DI PLASMA.
NON STA MORENDO.
AVEVO UN APPUNTAMENTO CON LEI E L'HO TROVATA COSÌ.
E PERCHÉ L'AIUTI? A VOI BLOODBUSTERS INTERESSA SOLO IL SANGUE, NON LE PERSONE.
SONO QUESTE LE BUGIE CHE TI RACCONTA TUA MADRE?
BEH, COMUNQUE UN EVASORE MORTO NON SERVE A NESSUNO...
NON PIANGERE, ERA SOLO UNA BATTUTA... TUA MADRE STA BENE.
COME TI CHIAMI?
NICOLA.
VA BENE, NICOLA, VAMMI A PRENDERE UN BICCHIERE D'ACQUA E ZUCCHERO E LA SVEGLIAMO...

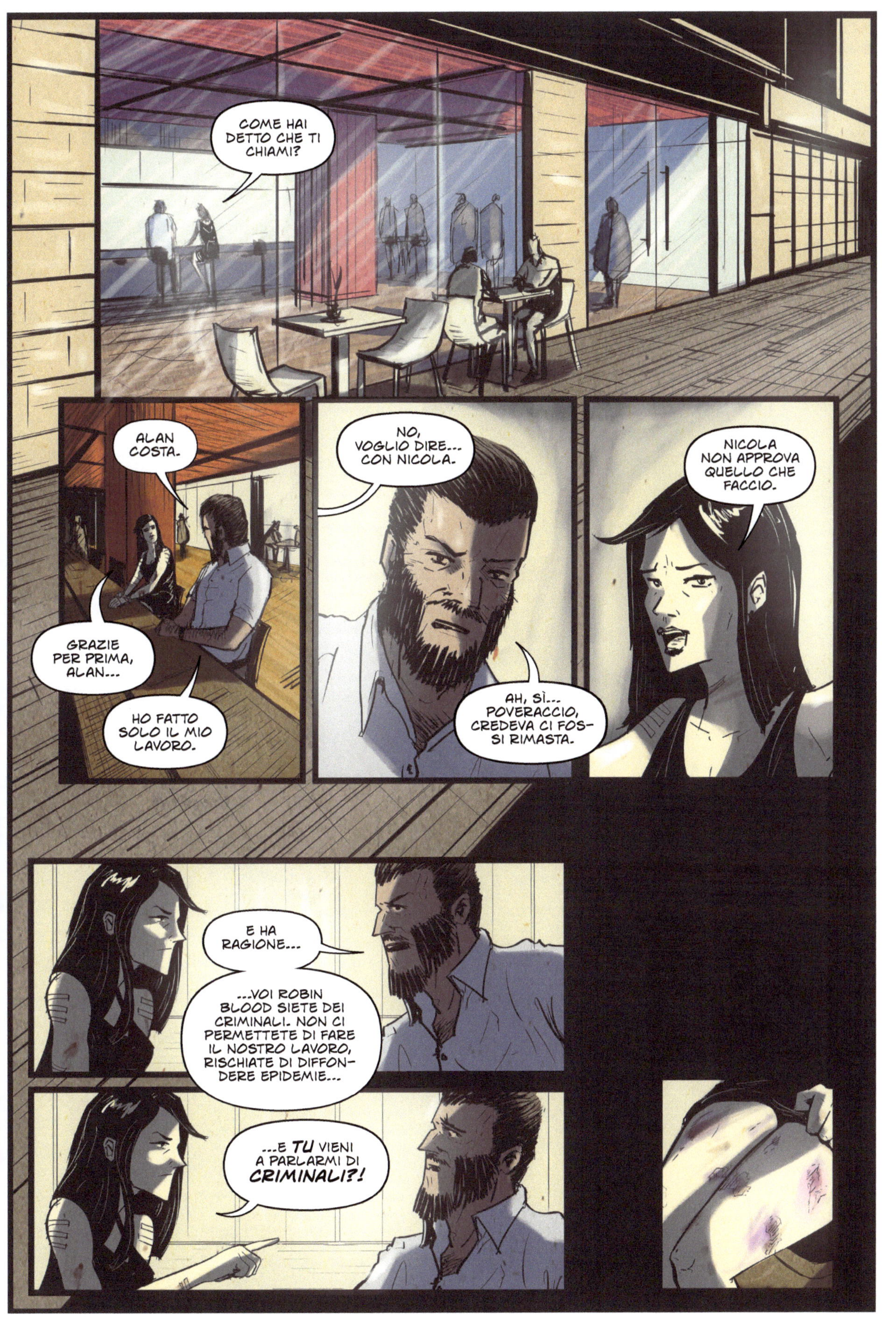

COME HAI DETTO CHE TI CHIAMI?
ALAN COSTA.
GRAZIE PER PRIMA, ALAN...
HO FATTO SOLO IL MIO LAVORO.
NO, VOGLIO DIRE... CON NICOLA.
AH, SÌ... POVERACCIO, CREDEVA CI FOS- SI RIMASTA.
NICOLA NON APPROVA QUELLO CHE FACCIO.
E HA RAGIONE...
...VOI ROBIN BLOOD SIETE DEI CRIMINALI. NON CI PERMETTETE DI FARE IL NOSTRO LAVORO, RISCHIATE DI DIFFON- DERE EPIDEMIE...
...E TU VIENI A PARLARMI DI CRIMINALI?!

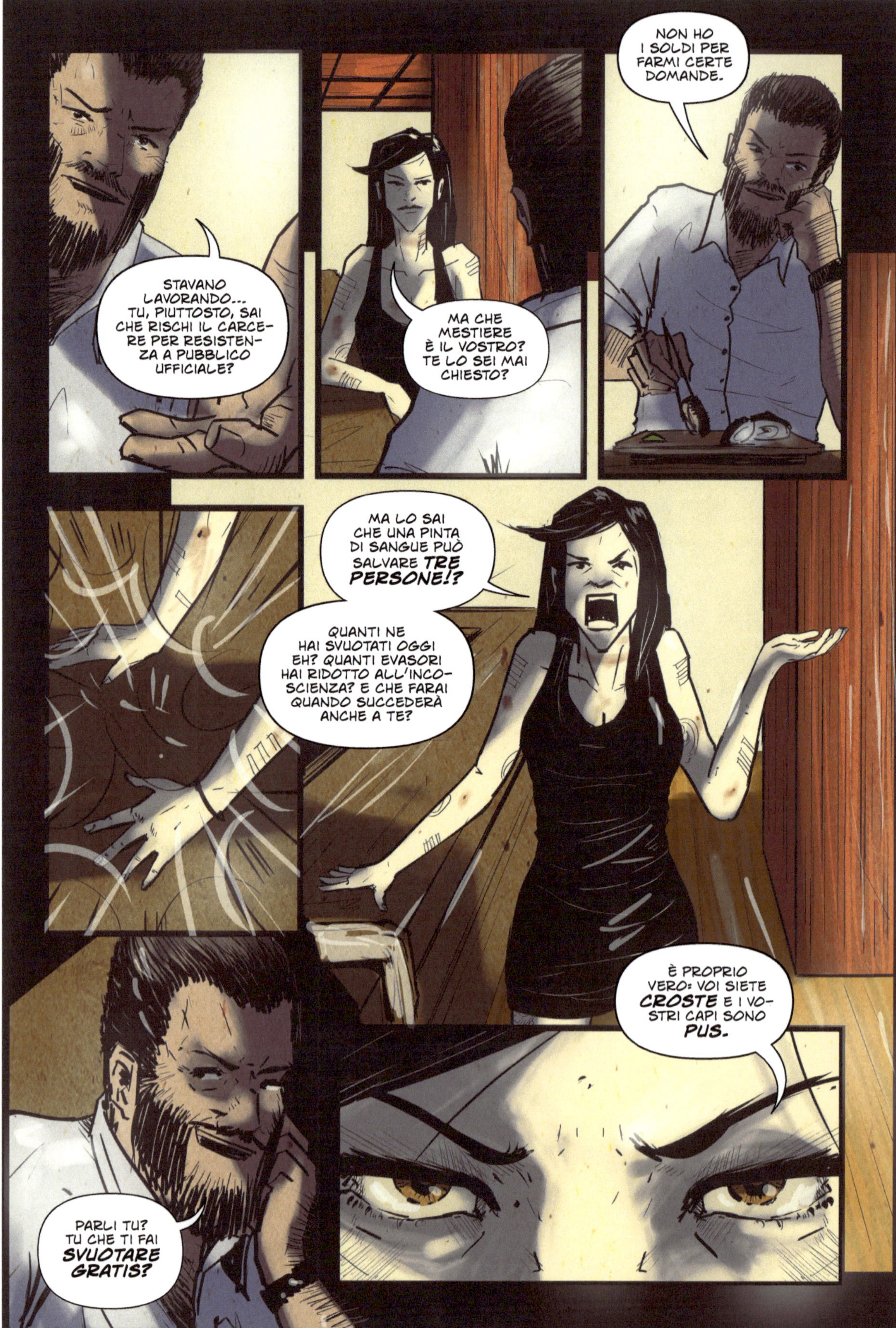

NON HO I SOLDI PER FARMI CERTE DOMANDE.
STAVANO LAVORANDO... TU, PIUTTOSTO, SAI CHE RISCHI IL CARCERE PER RESISTENZA A PUBBLICO UFFICIALE?
MA CHE MESTIERE È IL VOSTRO? TE LO SEI MAI CHIESTO?
MA LO SAI CHE UNA PINTA DI SANGUE PUÒ SALVARE TRE PERSONE!?
QUANTI NE HAI SVUOTATI OGGI EH? QUANTI EVASORI HAI RIDOTTO ALL'INCOSCIENZA? E CHE FARAI QUANDO SUCCEDERÀ ANCHE A TE?
È PROPRIO VERO: VOI SIETE CROSTE E I VOSTRI CAPI SONO PUS.
PARLI TU? TU CHE TI FAI SVUOTARE GRATIS?

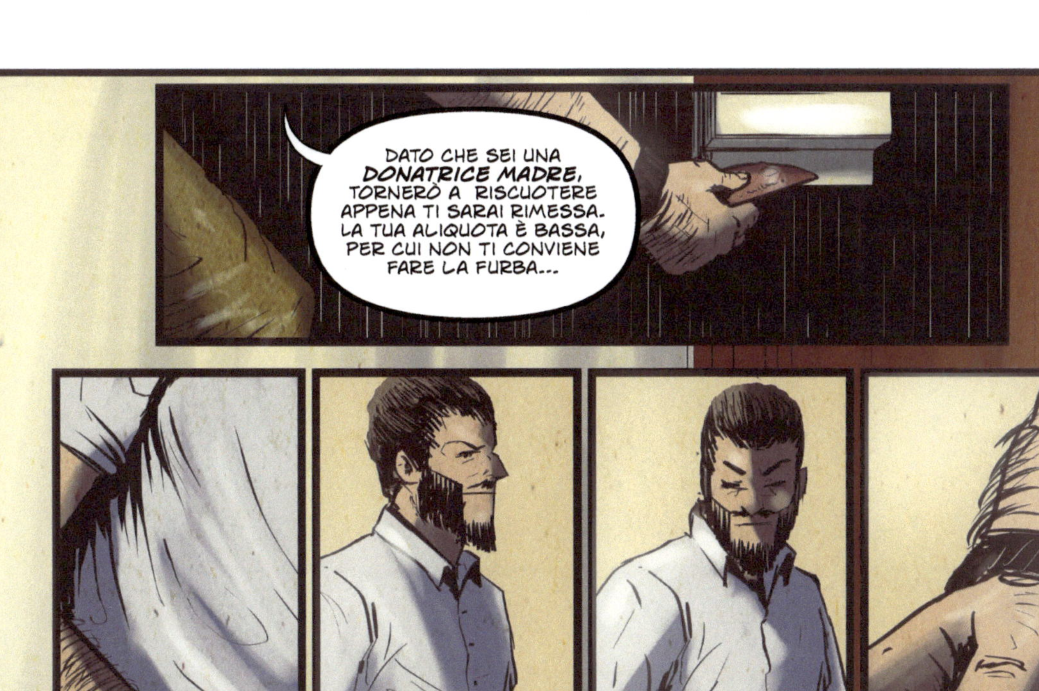

DATO CHE SEI UNA DONATRICE MADRE, TORNERÒ A RISCUOTERE APPENA TI SARAI RIMESSA. LA TUA ALIQUOTA È BASSA, PER CUI NON TI CONVIENE FARE LA FURBA...

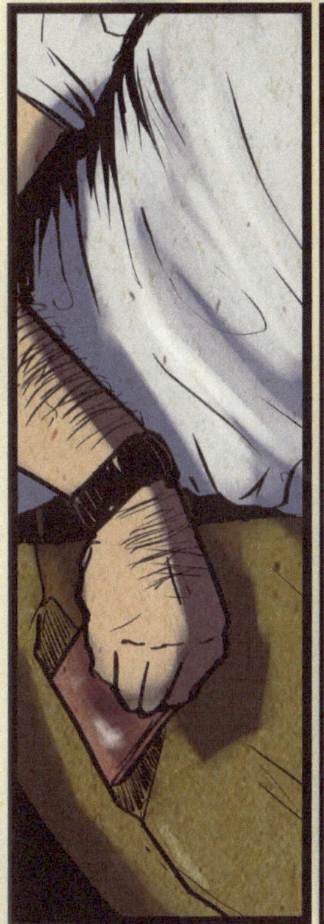

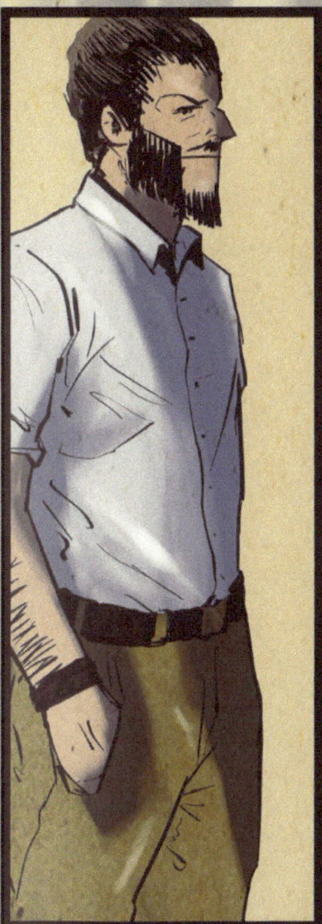

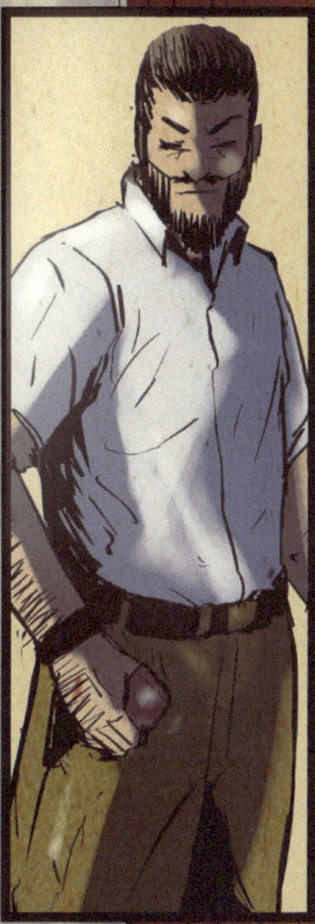

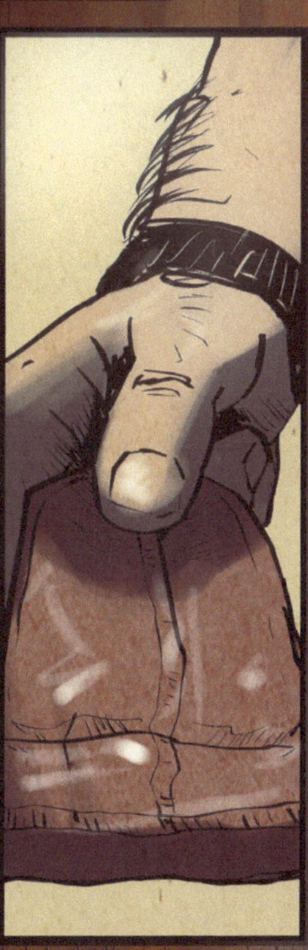

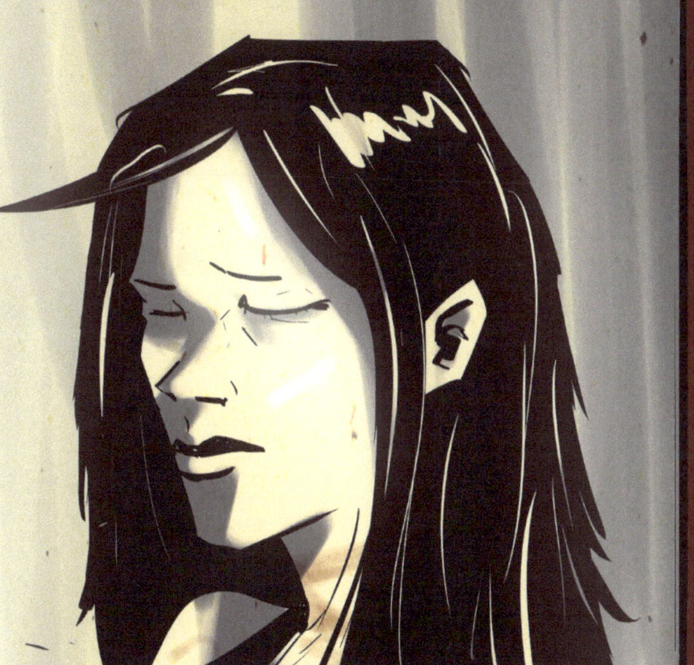

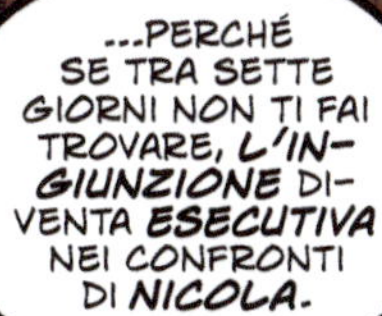

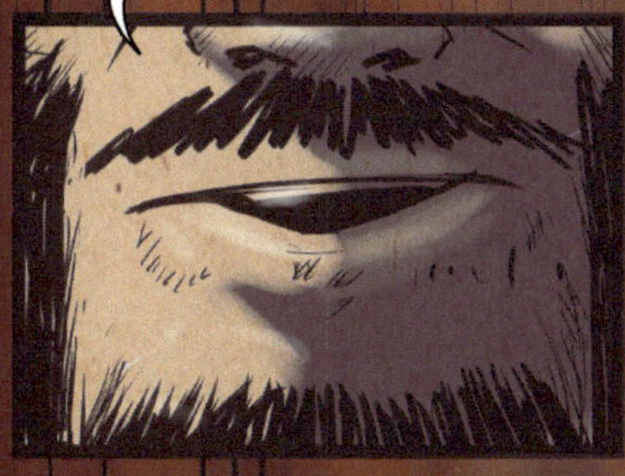

...PERCHÉ SE TRA SETTE GIORNI NON TI FAI TROVARE, L'INGIUNZIONE DIVENTA ESECUTIVA NEI CONFRONTI DI NICOLA.

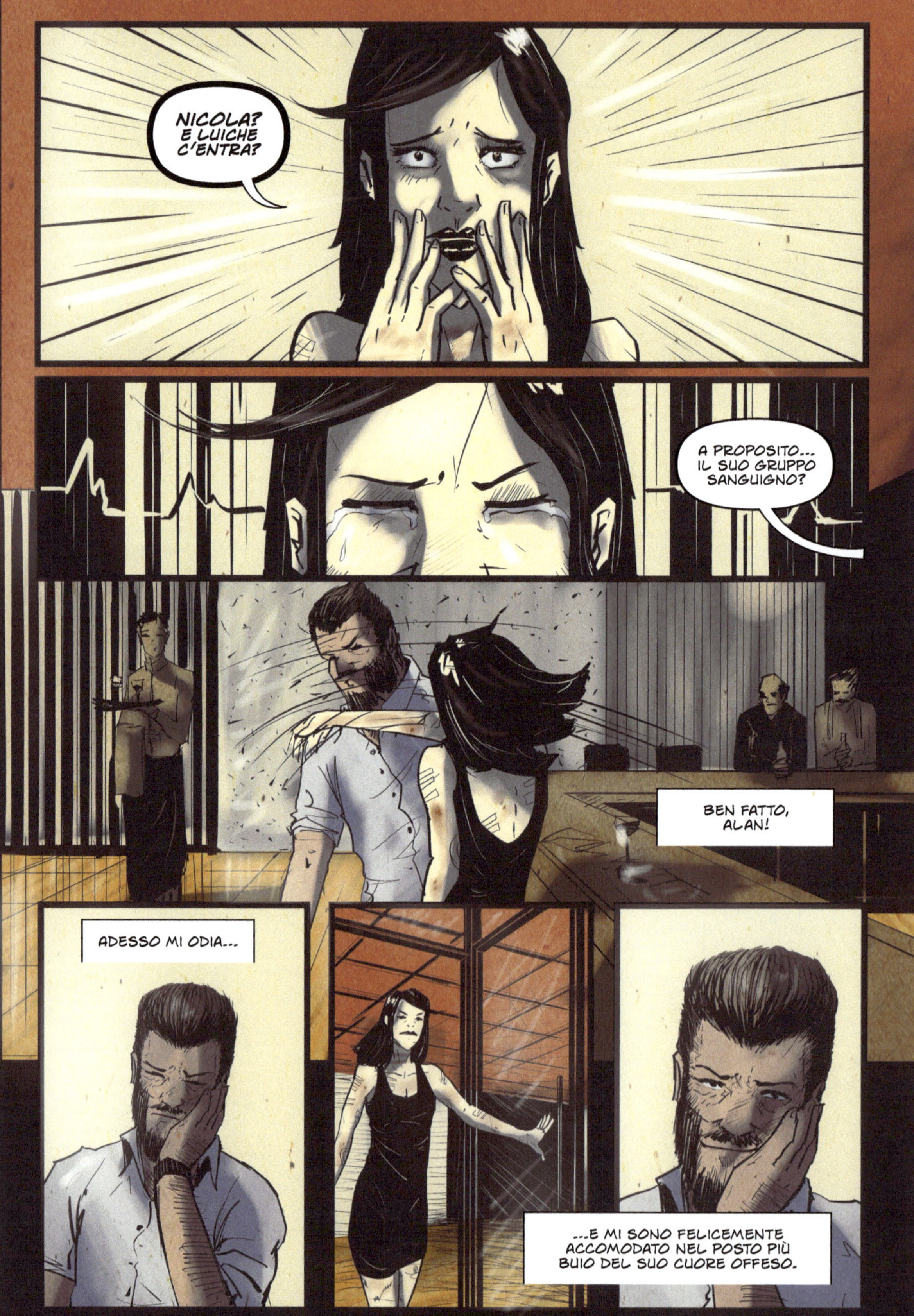

NICOLA? E LUI CHE C'ENTRA?
A PROPOSITO... IL SUO GRUPPO SANGUIGNO?
BEN FATTO, ALAN!
ADESSO MI ODIA...
...E MI SONO FELICEMENTE ACCOMODATO NEL POSTO PIÙ BUIO DEL SUO CUORE OFFESO.

BIOGRAFIE

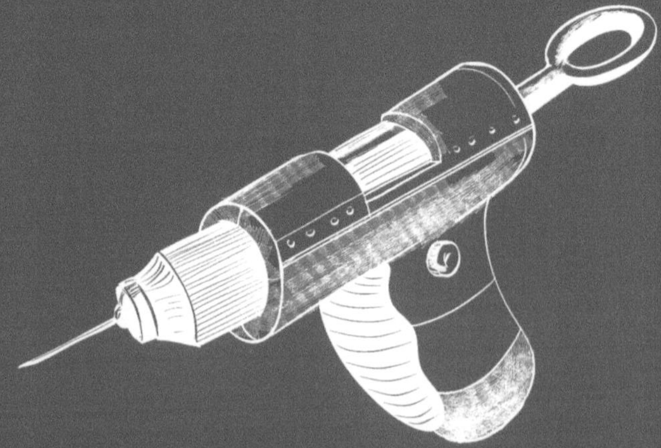

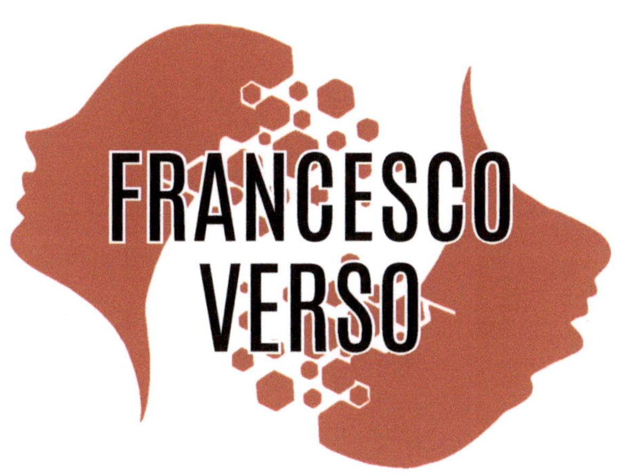

Nato nel 1973, Francesco Verso è tra gli autori più interessanti di fantascienza degli ultimi anni. Dal 2008 si dedica a tempo pieno all'editoria, sia come autore che come editor del progetto Future Fiction. Ha scritto Antidoti umani, e-Doll (premio Urania Mondadori 2008) e Livido (premio Italia 2012), pubblicato da Apex Books negli Stati Uniti e da Bofeng in Cina con il titolo di Nexhuman. Nel 2015 ha vinto un secondo premio Urania con Bloodbusters che è uscito nel Regno Unito per Luna Press e in Cina per Bofeng.

Il suo ultimo romanzo, di genere solarpunk, s'intitola I camminatori ed è composto da I Pulldogs e No/Mad/Land. Suoi racconti sono apparsi su riviste e antologie italiane e straniere come Robot, Futuri, MAMUT, Chicago Quarterly Review #20, Future Affairs Administration, Words Without Borders, The Dying Planet, Sunspot Jungle e The Best of World SF #1. Dal 2014 lavora come editor di Future Fiction su cui pubblica la migliore fantascienza mondiale in traduzione da 13 lingue e più di 35 paesi diversi.

Nel 2019 ha vinto il Dragone d'oro per la promozione della fantascienza internazionale e il premio come miglior editore di fantascienza assegnato dalla European SF Society. Inoltre è direttore onorario del Fishing Fortress SF Academy di Chongqing (Cina) dove gestisce un corso di scrittura creativa, il Future Fiction Workshop. Lo trovate su www.futurefiction.org.

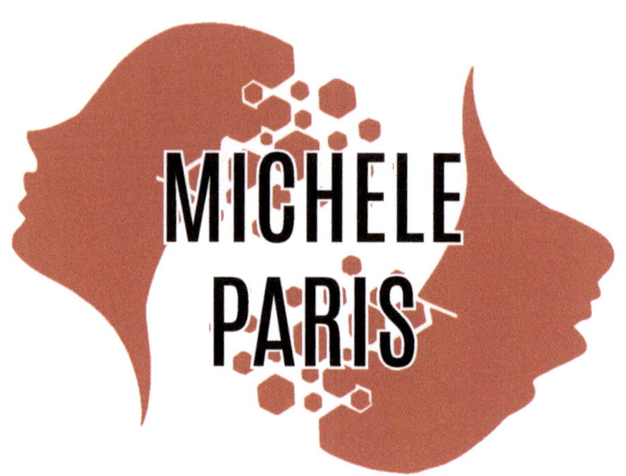

Michele Paris è nato ad Avezzano nel 1996 e da allora vive a Celano, fra le montagne della Marsica. Sin da piccolissimo si divertiva a inventare robot strampalati per cercare di aiutare i grandi in qualche modo. Crescendo scoprì che l'ingegneria non faceva per lui e quello che voleva davvero era inventare storie. Dopo essersi diplomato al corso di sceneggiatura della Scuola Internazionale di Comics a Roma, scrive tutt'oggi sia per un bisogno personale, sia per cercare di far star bene il lettore, di soddisfare le sue emozioni. Le storie che preferisce variano molto: dall'horror psicologico più tetro e cupo, agli slice of life più teneri e sinceri; dai manga più surreali, ai comics più realisti. È sempre alla ricerca di storie che si allontanino dal suo quotidiano, che siano racconti improbabili o chiacchiere da bar.

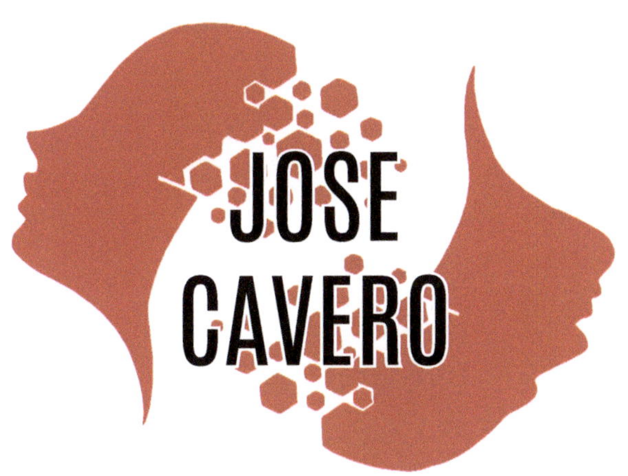

Jose Cavero, architetto d'interni, artista concettuale e illustratore, ha vinto il concorso "Fumetto del bicentenario del Perù" nel 2021 con "Sacri doveri", organizzato dall'associazione culturale AsicreaPerù in collaborazione con il Comune di Surquillo a Lima. Il fumetto è stato pubblicato e distribuito dal Comune nelle scuole del distretto e registrato nella Biblioteca Nazionale del Perù. Relatore all'Università di Palermo in Argentina durante la settimana del design 2021 con la presentazione "Come affrontare il primo workshop di design degli spazi". Ha partecipato al collettiva d'arte Visiones Paralelas nel 2019 con le opere The Beatles e Skywalker. Insegna da 10 anni presso la scuola di carriere creative Toulouse Lautrec e tieni workshop di illustrazione in diversi comuni. 4 anni fa ha partecipato all'evento digitale Inktober esponendo varie illustrazioni sui social network. Attualmente sta lavorando alla graphic novel Bloodbuster per la casa editrice Future Fiction e sta realizzando vari progetti personali di storie e fumetti.

©2023 Future Fiction

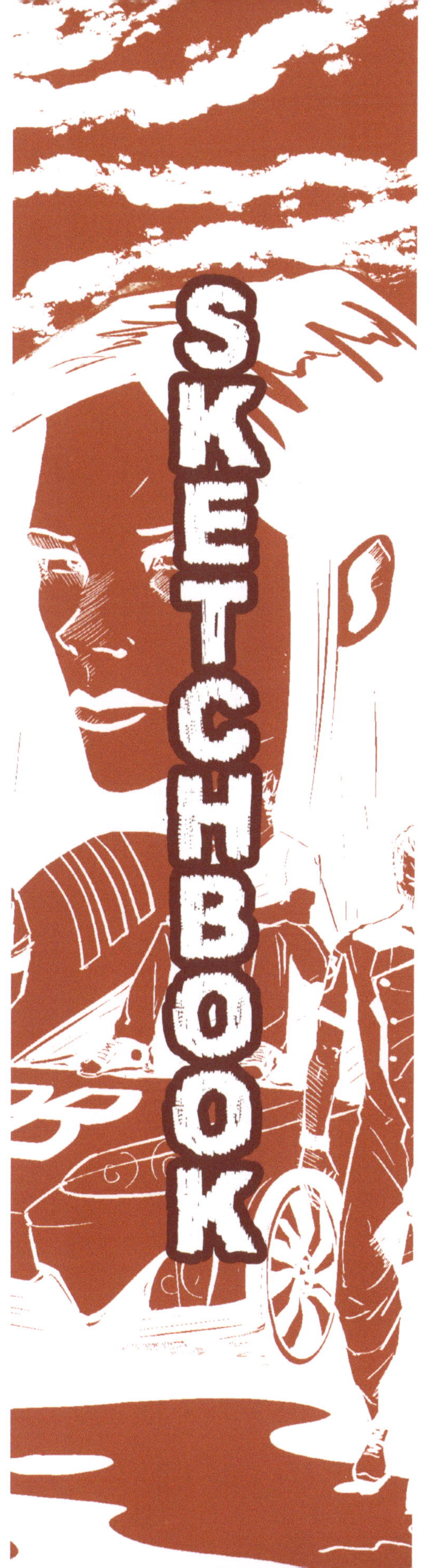

SKETCHBOOK

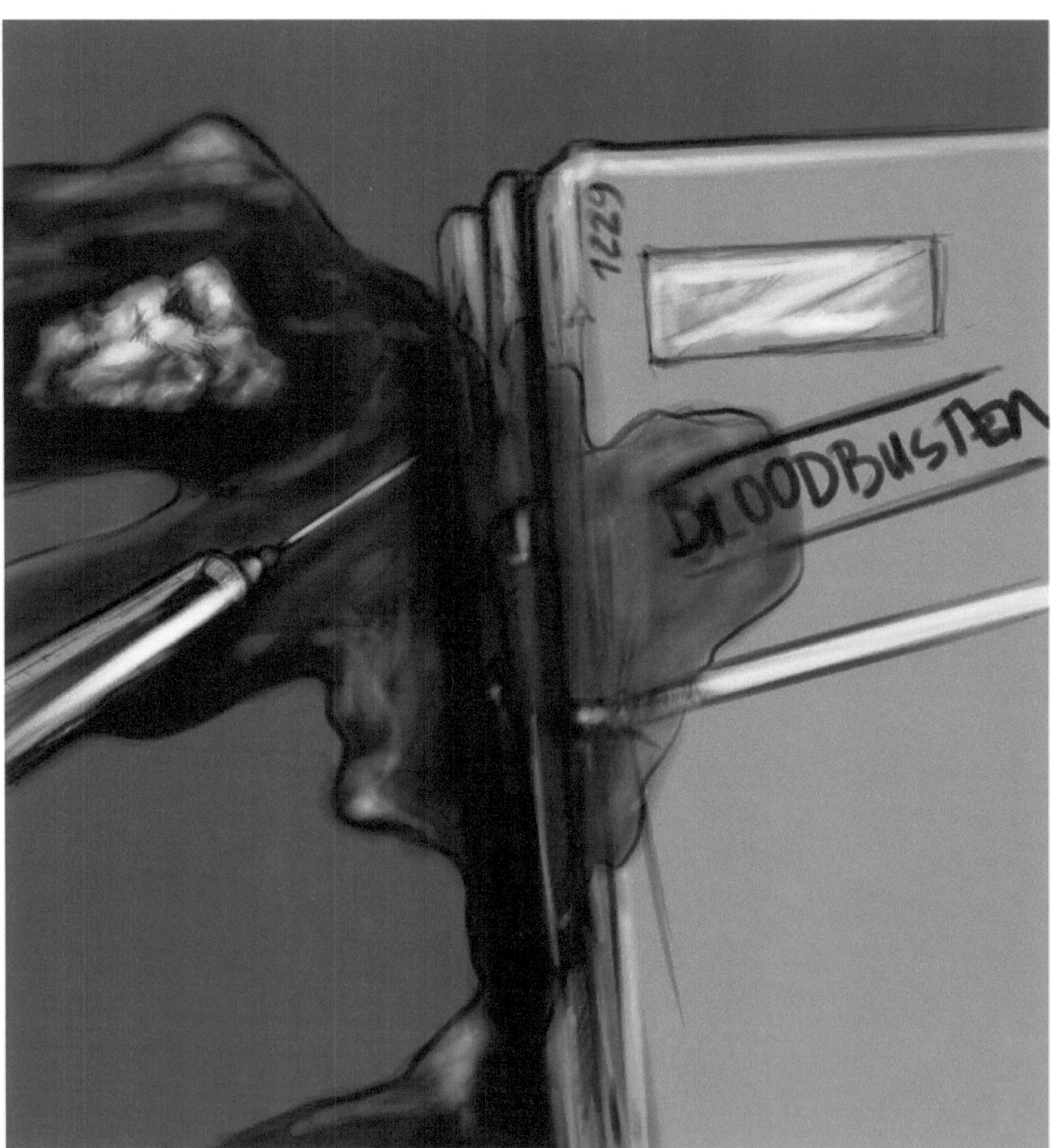
1229
BLOODBUSTER

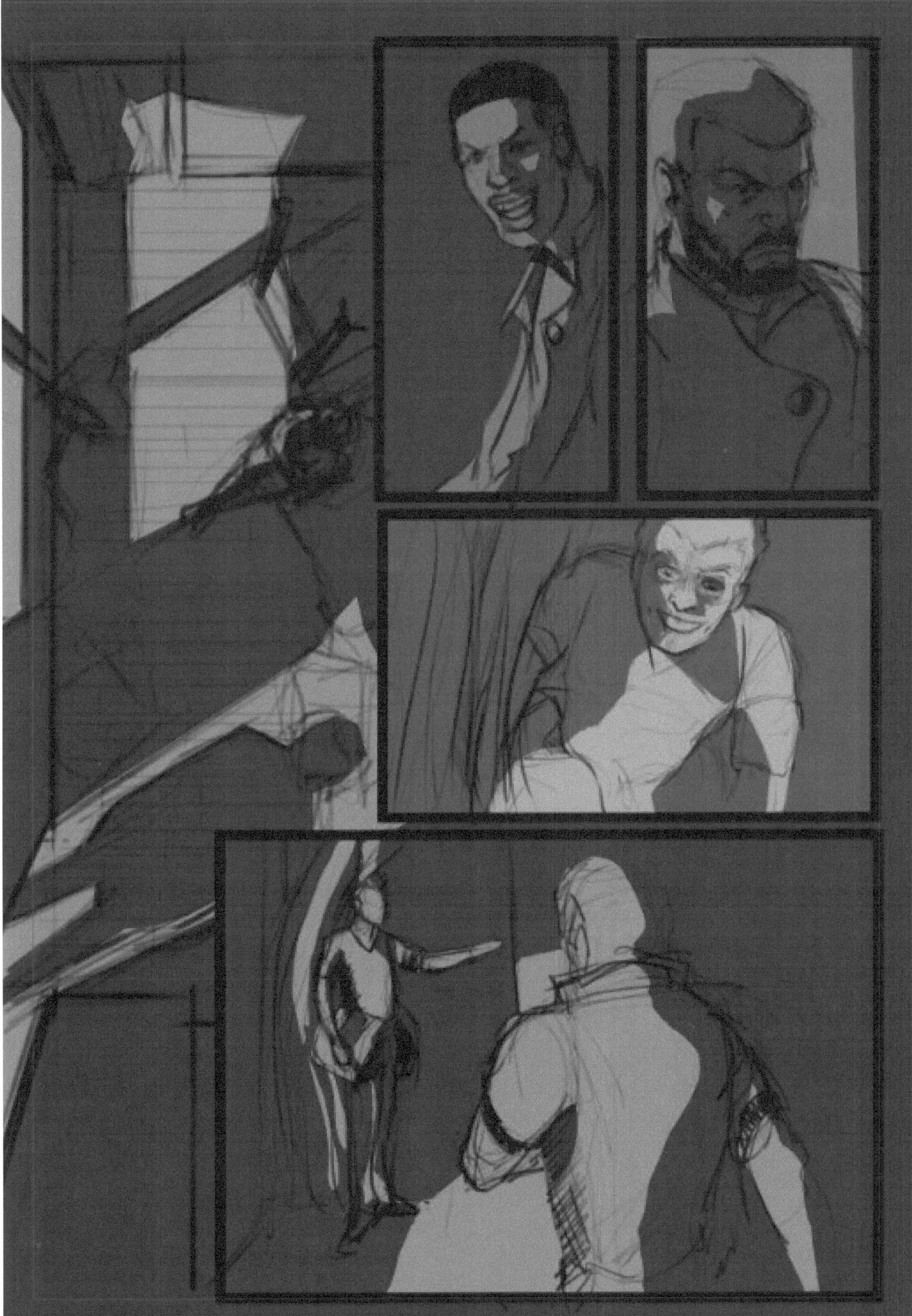

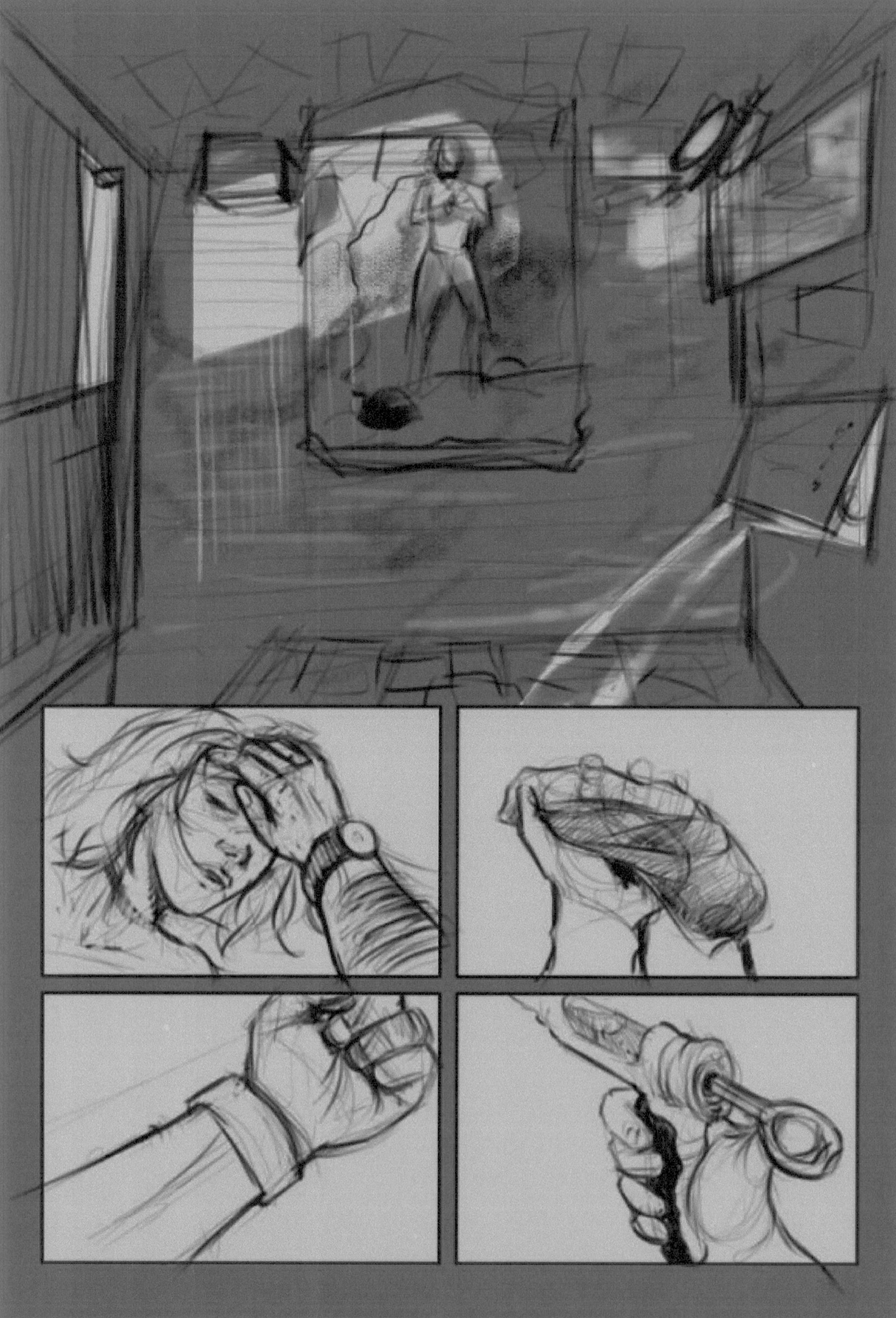

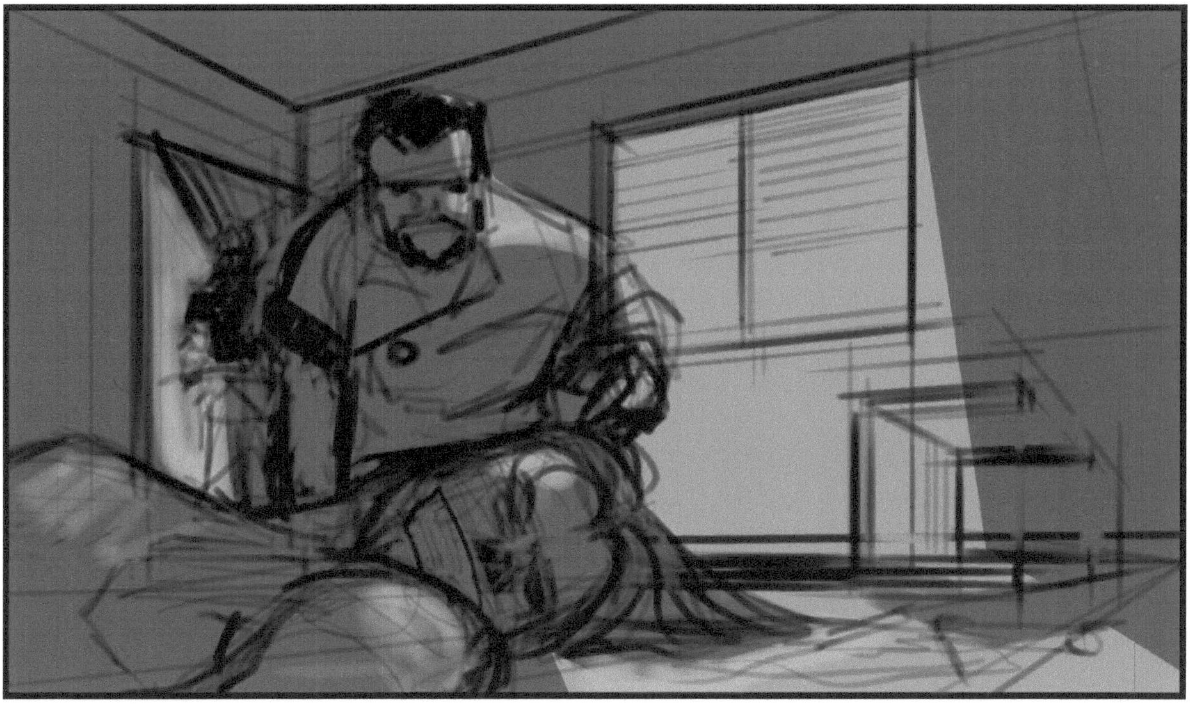

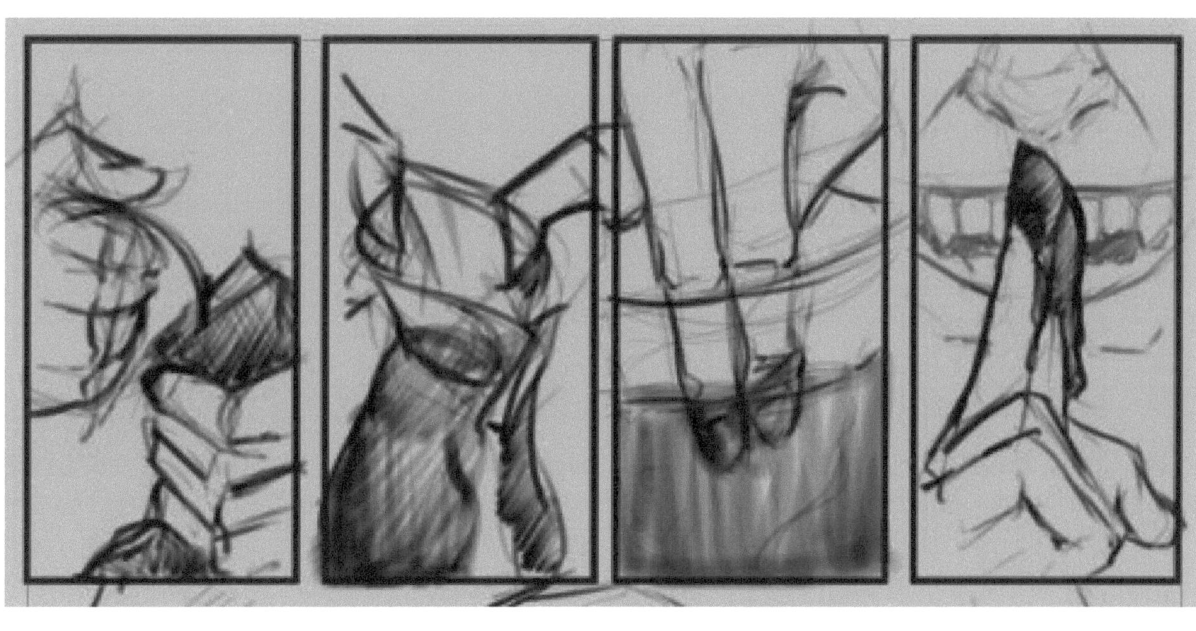

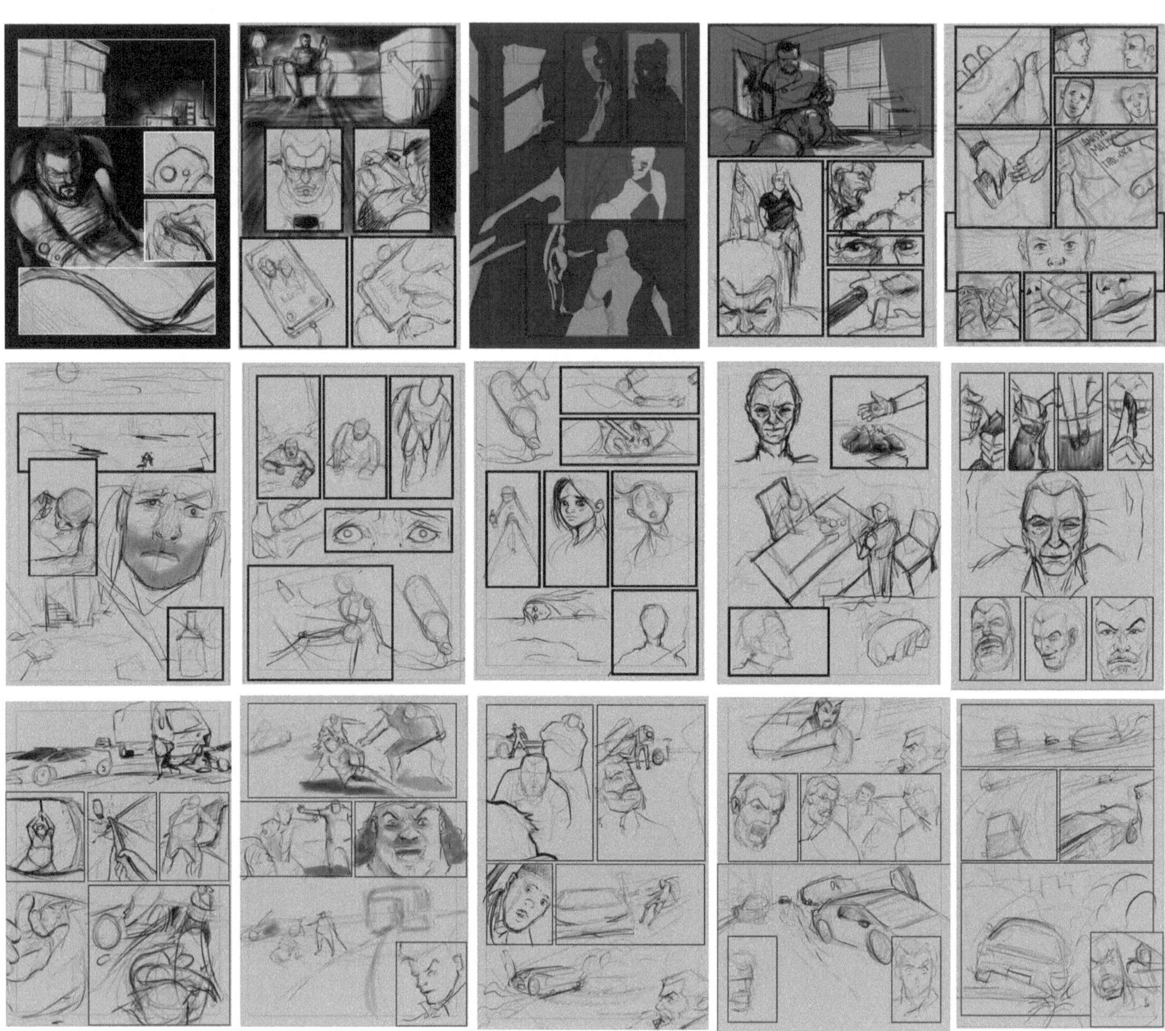

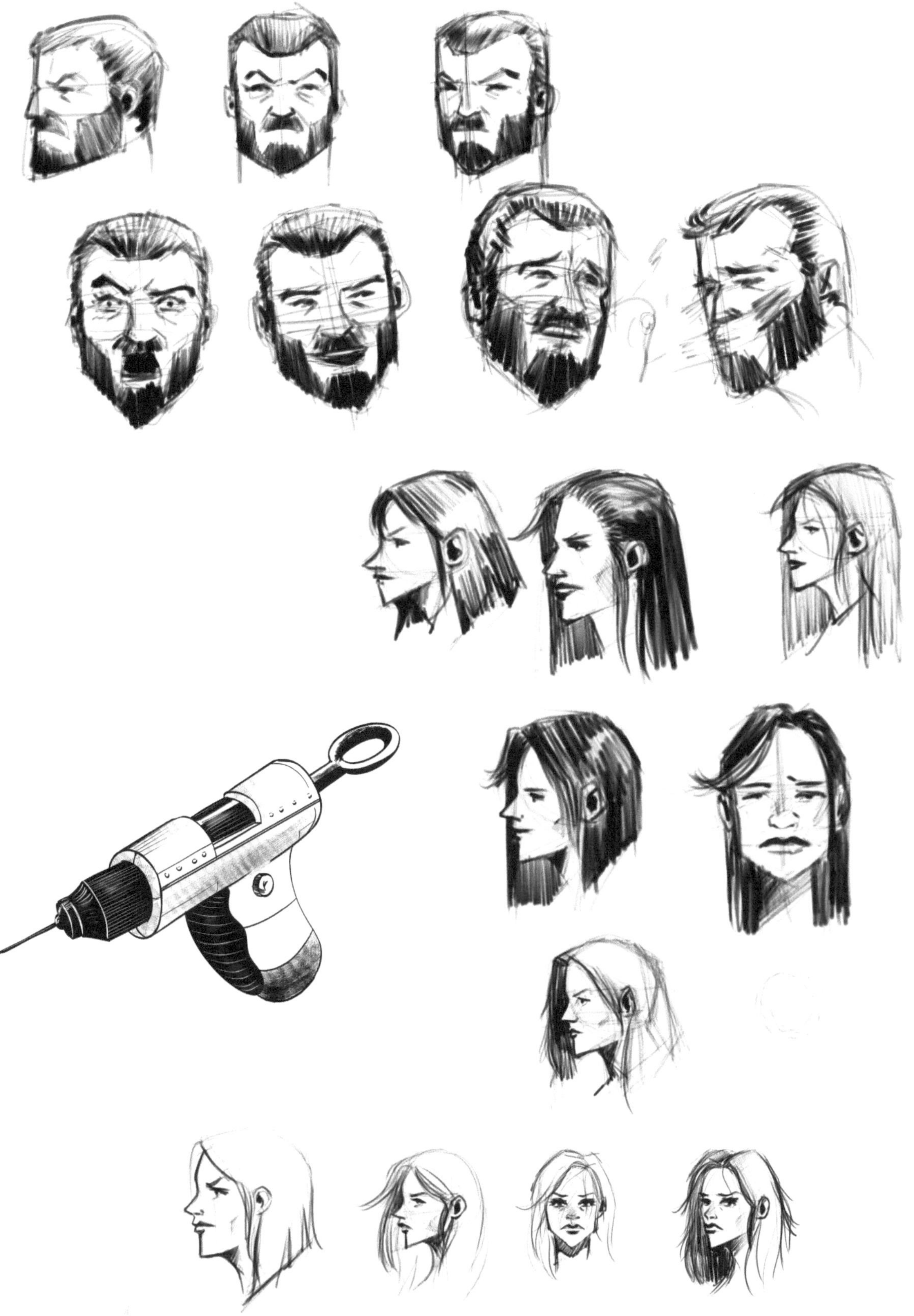

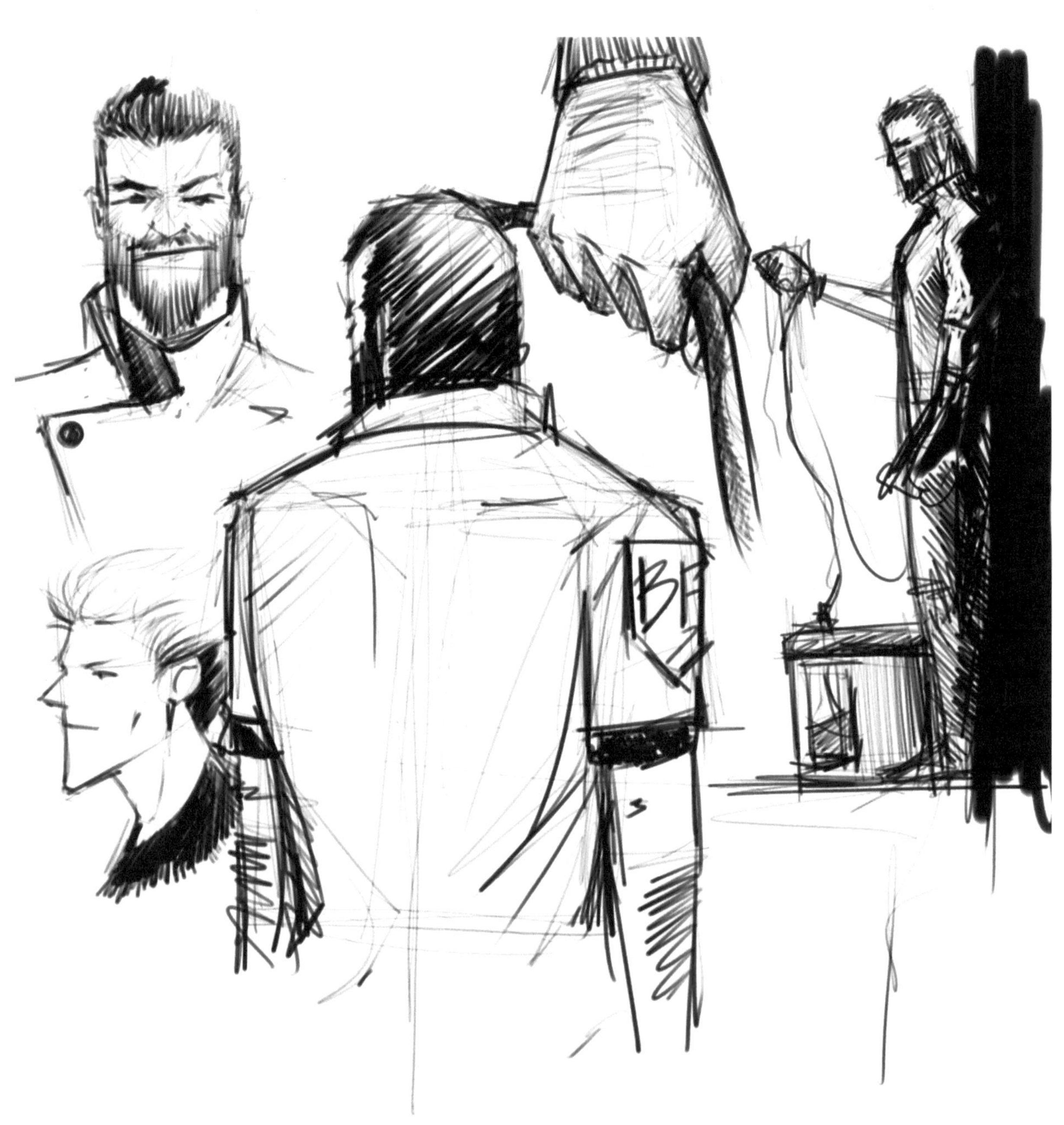

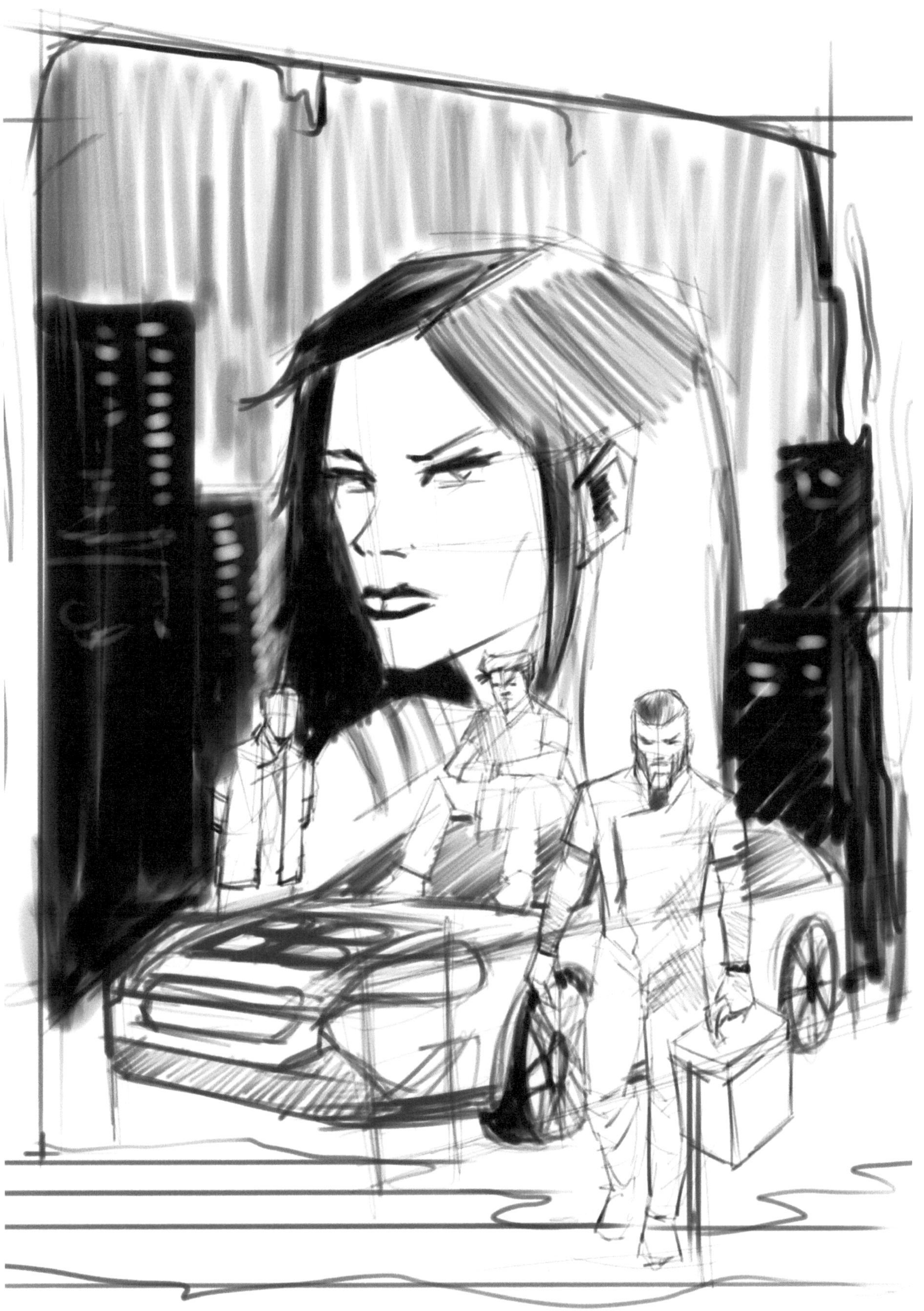

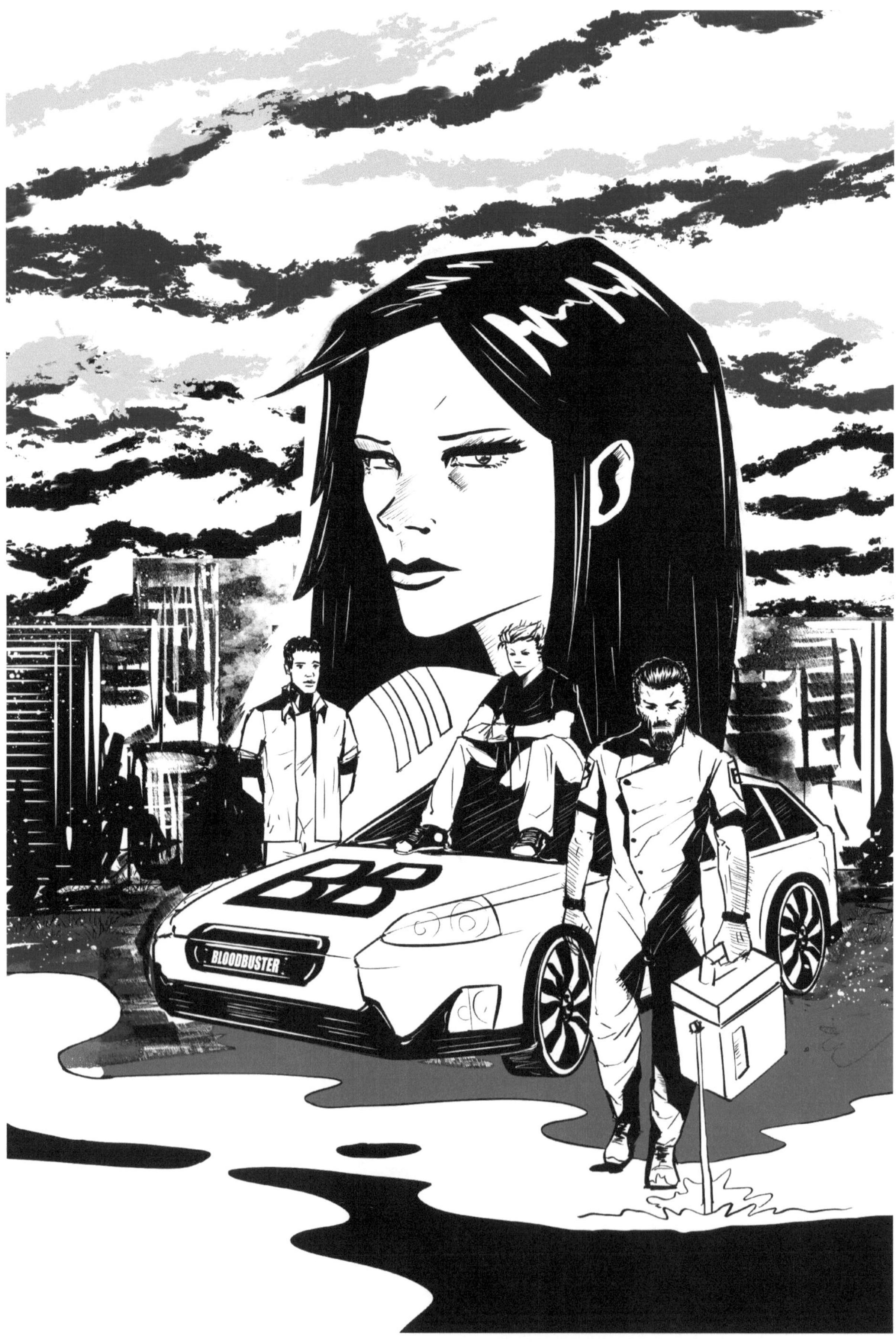
BB
BB
BLOODBUSTER

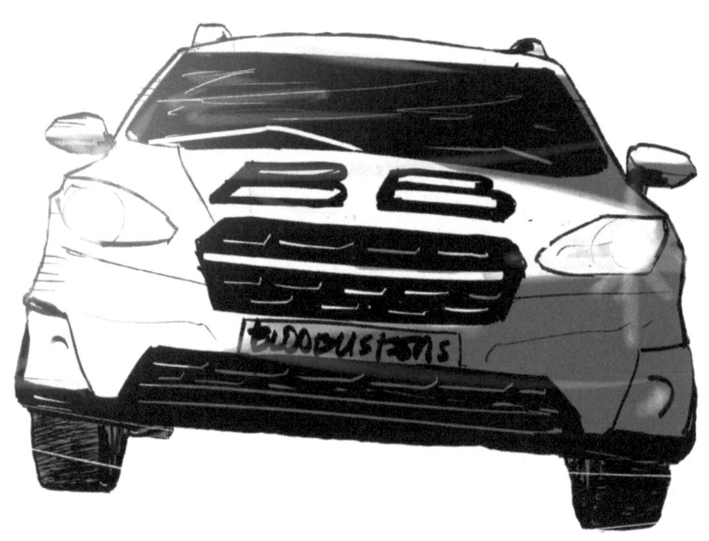

WWW.FUTUREFICTION.ORG